データが導く

「失われた時代」からの脱出

長野智子

河出書房新社

目次

第3章 データが明かす女性の政治参画がもたらすポジティブ・インパクト

第4章 女性議員はなぜ増えないのか その背景と国会議員の本音

第5章

メディアは社会の映し鏡
昭和から令和へメディアは変わるのか

はじめに

意思決定層に女性を増やすことは、会社の業績アップ、回復力の強化、投資の呼びこみに繋がります。

え？　そんな簡単なものじゃない？

いえ、これらはデータによって証明されているのです。


「意思決定層の女性割合が、日本は先進国の中でダントツに低いよね」という話になると、男性からシャッターを下ろされてしまうことが多々あります。

「ジェンダーの話って、自分まで責められている気がして苦手」

「男は女や子どもを守るためにがんばっているのに何が不満なのか」

「女性にゲタを履かす話でしょう」

などなど。

「うちの娘と妻は専業主婦がいいと言うけどねえ」と、話がとたんに家庭基準となって、そこから先に話が進まないことも〈あるある〉です。女性からも「責任ある仕事を任されても困る」「そんなに頑張りたくない」という声があがったりして、「ジェンダー」を巡る議論が多数を巻き込んだ関心事になりにくいと感じてきました。

一方で、「政治や企業の幹部に女性が増えれば、それまで活かされていなかった能力や技術を持つ人材が活躍することになり、国のGDPにも現実的に有益である」といった海外の例などを見聞きするたび、日本にもまだ活かされていない人材がたくさんいるのにもったいない、何か別の切り口でも良いから広い議論に繫げられないだろうかと考えてきました。

コロナ禍が明けた2023年、見える景色が少し変わってきました。春の統一地方選挙では、まだまだ全体の数は少ないものの、女性の当選割合が上がり、首長選では23区で女性区長が過去最多になるなどかつてないほど女性が躍進。また、大手企業を中心に働き方改革のニュースも日々伝えられるようになりました。「候補者男女均等法」などの法整備や#WeTooから続く微弱な地殻変動が具体的な動きとして少しずつ顕在化しているのを感じます。

政治・経済の意思決定層を男性が占めていた時代から、女性、セクシャルマイノリティを含め多様なジェンダーが意思決定に関わる時代へ。2023年は本格的なパラダイムシフト（それまでの常識、支配的な解釈、旧態依然とした考え方などが劇的に変化すること）の萌芽の年であるというのはいささか楽観的すぎるでしょうか。

実際、ほぼ1：1という男女の人口比からみれば、政治・経済分野の意思決定層における女性の数はまだまだ少なく、世界経済フォーラムによる2023年のジェンダーギャップ指数では、世界146カ国のうち125位と主要7カ国（G7）でダントツの最下位です（図表1参照）。

アジアの中でも、フィリピン、シンガポール、ベトナム、タイなどが上〜中位につける中、日本は韓国（105位）、中国（107位）よりも下回っています。

義務教育や国民皆保険制度もあって、教育・健康分野では常に上位にある日本。それにもかかわらず、総合順位を大きく下げている要因が、138位の政治分野と123位の経済分野。国会においては衆院議員の女性割合、大臣の女性割合がいずれも低く、過去に女性首相も誕生していません。経済においては管理職の女性割合の低さが特に目立つという結果になっています。

図表1 ジェンダー・ギャップ指数 2023

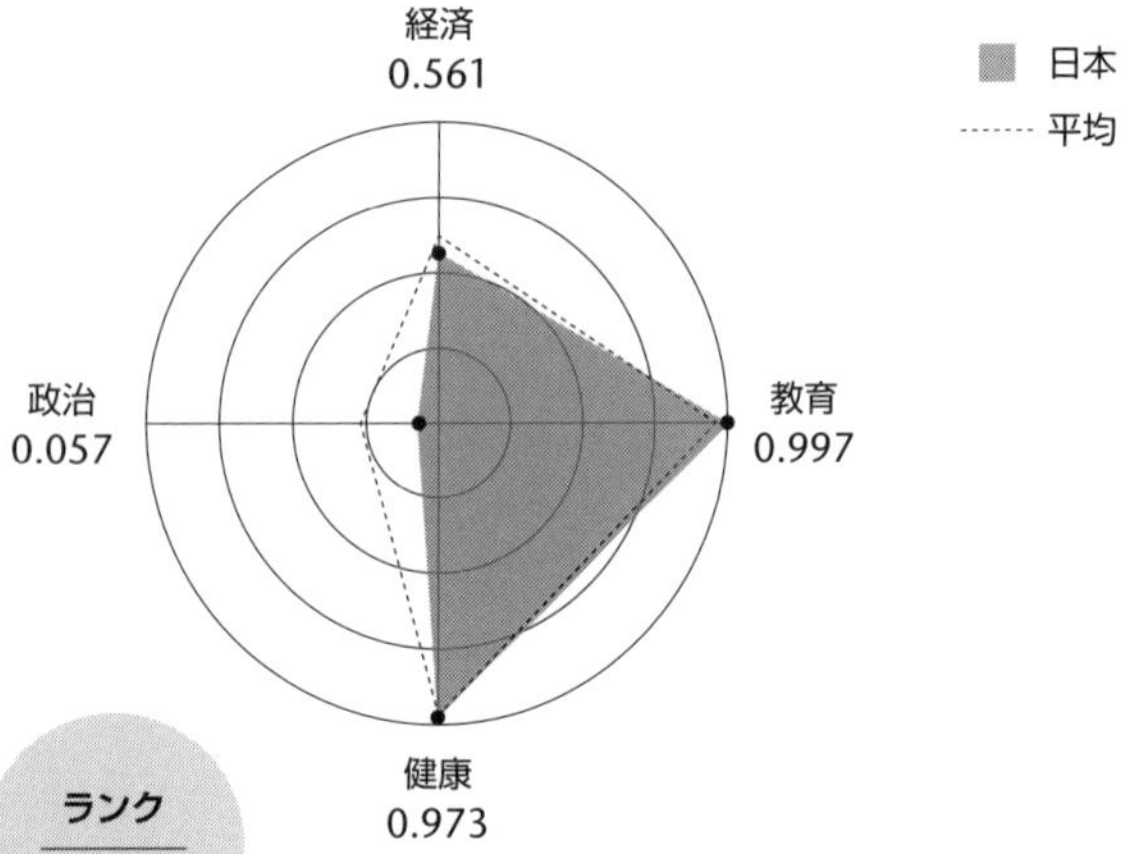

日本
スコア 0.647
ランク 125位

	2023		2022	
	スコア	順位	スコア	順位
ジェンダーギャップ指数	0.647	125	0.65	116
経済	0.561	123	0.564	121
教育	0.997	47	1	1
健康	0.973	59	0.973	63
政治	0.057	138	0.061	139

出典：世界経済フォーラム「グローバル・ジェンダー・ギャップ報告書（2023）」より作成

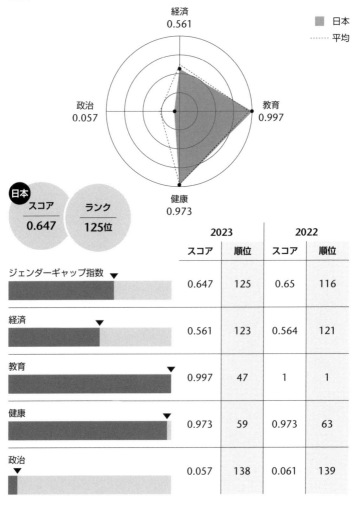

【政治】０・０５７（１３８位）
●国会議員（衆院議員）の女性割合（１３１位、スコア０・１１１）
●女性閣僚の比率（１２８位、０・０９１）
●過去50年の女性首相の在任期間（80位、０）

【経済】０・５６１（１２３位）
●労働参加率の男女差（81位、スコア０・７５９）
●同一労働での男女賃金格差（75位、０・６２１）
●収入での男女格差（１００位、０・５７７）
●管理職ポジションに就いている数の男女差（１３３位、０・１４８）
（出典：Global Gender Gap Report 2023 p.217）

毎年のように順位の低さが報じられるのに、一向に改善の兆しはなく、２０２３年は２００６年のジェンダーギャップ公表開始以来、最低順位を記録しました。とりわけ政治・経済分野において頑なに低い順位のまま変わらない日本はもはや謎です。人口比の半数を占める女性が意思決定層に増えることで、どれだけ国や企業にとってプラスになるのか、という本質的な議論がされないまま世界で後れをとっていていいわけがない。

それならばジェンダー、フェミニズムといった枠とはまた別の視点からこの問題にアプローチをできないだろうか。「データ」を使うことで、女性登用を進めること、意思決定層に多様性を与えることによる社会的影響や効果を分析し、わかりやすく提示できないか。それが本著を書く動機となりました。表面化してきたパラダイムシフトはなぜ起きているのか。それには明確な理由と背景があります。

多様性にはLGBTQ+や障害のある方、外国人なども含まれますが、この本においては、まずは男性中心組織に多様性を導入する入り口としての女性登用について考えています。


2022年6月に発表された「女性活躍・男女共同参画の重点方針2022」の中で、政府は「ジェンダード・イノベーション創出」の重要性に言及しました。メディアであまり取り上げられないこともあって、それほど浸透していない言葉ですが、今「ジェンダード・イノベーション」は政府もスルーできないほど激熱なマーケットになっています。科学、技術、政策など幅広い分野に性差分析を取り込むことで、新しい視点を見出してイノベーションを創出する「ジェンダード・イノベーション」の潜在市場はなんと

10兆円規模！　だといいます。

2023年2月、東京ビッグサイトで開催された「ジェンダード・イノベーションEXPO2023」は、ほぼコロナ禍明けということもあり、多くの出展企業が製品開発を発表して大変な熱気に包まれていました。

中でも（株）矢野経済研究所コンシューマーマーケティングユニット：ブランディング&イノベーションサービスグループ部長・主席研究員である清水由起氏のビジネス・カンファレンスはとても興味深い内容でした。海外での市場の広がりを受けて日本でも2020年がフェムテック元年となり、女性特有の健康問題を解決するための技術開発やアプリ運用などマーケットが一気に拡大したことは知られています。

矢野経済研究所の調査によると、2021年のフェムケア&フェムテック市場は前年比107・7%の642億9700万円、さらに、2022年の見込みも109%と、今後も市場規模が拡大していくと予測されています。ここで驚いたのは、フェムテックによる研究・開発によって男性特有の健康問題も改めて着目されるようになり、今や「メイルテック（MaleTech）」市場ものすごい勢いで伸びているという点でした（同じ意味でメンテック（MenTech）という言葉も使われます）。

以前は医療従事者や研究開発者に男性が圧倒的に多かったため、症状や薬の効き方など、男性の身体をベースにした製品開発が中心でした。また、自動車のシートベルトの衝突実験では、男性のマネキン人形を使用していたため、女性が重傷を負う確率や、妊婦が事故を起こした際の胎児の死亡率が高かったことがわかっています。こうした課題に注目し、女性の身体特有の視点を取り入れる技術開発が「フェムテック」です。するとその過程において、逆に男性が固有に必要とする栄養素、皮膚の状態、あるいは男性更年期など見落とされていた分野に改めて目が向けられるようになりました。そこで誕生したのが「メイルテック」です。

さらには、男性のみ、女性のみに特化したものだけではなく、男女共通疾患において薬品の効果や副作用が異なるなど「性差」により細かく着目した製品開発も始まったといいます。

今後、あらゆる年代、LGBTQ+、ライフステージ、障害の有無、経済状態など、様々な視座からのアプローチにより多様な業種・業態での商品・サービスが期待されているジェンダード・イノベーション市場。清水氏によると、フェムテック・メイルテックの市場規模は目前で1200億円。小売市場規模とサービス産業市場がそれぞれ1％でもジェンダード・イノベーション発想のアイテムやサービスを創出すれば、合わせて10兆円規模の潜在市場が見こまれるという話でした。

清水氏のプレゼンテーションで最も私の関心を引いたのは、光が当たってこなかった女性特有の健康課題に取り組むという視点と開発によって、それまで研究開発の中心にいた男性自身の身体についても手つかずであった分野に光が当たり、男性の健康市場が拡大したというポイントです。これまで女性用が商品化の中心だった尿漏れパッドを男性用にも展開するなどの例もありました。

イノベーションとは多様な価値観はもちろん、不自由をなんとかしようという工夫から生まれるものであり、またそうして持ち込まれた新たな視点によって既存のシステムも改善されて発展するという好例ではないでしょうか。

政府は「女性活躍・男女共同参画の重点方針2022」の中で、「ジェンダード・イノベーション」をさらに強化するために、大学の教授・准教授、理工系研究者の採用に占める分野別の女性の割合を2025年までに引き上げる目標を掲げるとともに、理工系の学生に占める女性の割合を毎年度高めるとの目標を定めています。

こうしたポイントにいち早く注目して、新たなビジネス分野の開拓のために女性登用を進める企業も出てきています。なかでも男性社員が9割を占めていた大手商社・丸紅が、「総合職の新卒採用に占める女性の割合を現状の2～3割から、2024年までに4～5割程度に引き上げる」と2021年の初頭に発表したことは大きな注目を集めました。第1章で取り上げる柿木真澄《かきのきますみ》社長インタビューと丸紅の取材は、私にとってこのテーマに取り組む大きなモチベーションとなりました。

「男女比1：1の社会で、9割が男性という同質性の高い組織が、ライフスタイルや価値観の変容してきている社会の課題を解決できますか？」

という柿木社長の危機感。この問いかけの先にこそ、経済のみならず政治においても日本が抱えている様々な課題や閉塞感を打開する扉があるのではと感じたのです。

この本は女性を特別扱いして重用すべきだという本ではありません。女性活躍という言葉に抵抗を感じて、ことさらに頑張りたくない女性もたくさんいると思います。専業主婦もひとつの選択肢であり、生き方は千差万別。むしろ働くことが不得手な男性が窮屈な思いをしている現実もあるかもしれません。障害を持つお子さんを夫婦共働きで育てている知人男性から、「同僚のように仕事に100％の力と時間を注げないことで、ずっと後ろめたさを感じて生きてきた」という話を聞いたこともあります。マッチョな男性中心組織の中で、こうあらねばならぬという息苦しさを抱えている男性もたくさんいるのではないでしょうか。

変えるべきは生き方の選択肢が、生まれながらの属性によって決めつけられたり、入り口を狭められたり、不当に評価される状況です。やるべきことは、やる気のある女性が手を挙げた時に、「女性にゲタを履かす」のではなく、柿木社長の言葉を借りるのならば「環境をフェアに整え」、個々人の能力を評価することです。

その結果として、新しい視点や多様な価値観が政策やビジネス分野の開拓に反映され、これまで光の当たらなかった分野が注目されるようになれば、「ジェンダード・イノベーション」市場と同様に、そこから新しい技術が創出されたり、これまでになかったデジタルトランスフォーメーション（DX）が進んだりして、女性のみならず既存の男性中心組織の中で働きづらさを感じていた男性にとっても、もっと生きやすい社会に繋がってゆくのではないでしょうか。

本著を書くにあたって、テーマに賛同してくださった村上財団とPwCコンサルティング合同会社がデータ提供のご協力を快諾してくださいました。PwCコンサルティング合同会社と村上財団は、女性の政治参画の推進を目的とした共同研究をしています。第2章では「経済」、第3章では「政治」をテーマに、女性登用が各分野に与える影響・課題について、両者によって収集されたデータと分析結果を用いて検証しています。意思決定層における多様性がどれだけ組織に強さをもたらすのか、データで明示しました。意思決定層に女性を増やすためには何をすべきなのかという具体的な対策についても触れています。

第4章では先進国でジェンダーギャップ指数が最下位である日本の政治についてその現状と背景、課題を取材しています。さらに私自身が35年以上にわたって働いてきたメディア業界はとりわけ女性登用が遅れています。世論に影響を持つメディアの現状は今の日本の映し鏡のようでもあり、その実態と問題点、そして希望について第5章で取り上げました。

この本を手にとってくださった方、抱えている閉塞感を打ち破るヒントは意外に身近にあるかもしれません。

第1章

「女性にゲタは履かせない」改革を断行した丸紅社長の狙い

男性9割組織の限界

2021年1月、大手総合商社の丸紅が「総合職の新卒採用に占める女性の割合を現状の2〜3割から、2024年までに4〜5割程度に引き上げる」と発表したとき私は感嘆した。私事ではあるが、父、兄、そして夫までもがみな商社勤めだったという自分の経験から見ても、商社というのは残業、接待、海外出張に家庭そっちのけで対応する「ザ・男性社会」だという印象しかなかったのだ。その印象に違わず、丸紅の総合職は約3300人、そのうち女性はわずか約1割である（2021年当時）。そんな中、新卒総合職採用の女性比率を5割まで引き上げるという判断を下したのが、2019年に社長に就任した柿木真澄氏だ。

柿木真澄氏——1957年、鹿児島県生まれ。80年東京大学法学部卒業、丸紅入社。主に電力事業を担当し、2014年に丸紅米国会社社長・CEO（最高経営責任者）。16年に電力・プラントグループCEOとなり、19年4月から現職。趣味は中学から大学まで取り組んだサッカーと、地元のコーラスサークル。好きなサッカー選手は

――ベッケンバウアー。

世界経済フォーラムによって2023年6月に発表されたジェンダーギャップ指数において、世界146カ国中、日本は政治分野で138位、経済分野では123位である。政府も女性活躍と旗は振るが、2021年衆院選の女性候補者は17・7％、民間企業の女性登用も遅々として進まないのが現実だ。企業も政府も「登用したくてもポストに適当な女性がいない」「女性がなりたがらない」「そもそも女性候補や社員が少ない」と同じような理由を挙げる。

こうした状況において、なんと丸紅は3年以内に女性総合職新卒採用4～5割という期間と数値目標を提示したのだ。やはり一番聞きたいのは、なぜ今「数値目標を公表してまで女性総合職を増やす」という決断をしたのか、ということである。

2021年11月、丸紅本社で柿木真澄社長にお話を伺うことができた。丸紅が今回の決断に踏みきったのは、政府目標やSDGsなどグローバル・ムーブメントに対応するためのものなのだろうかと考えていた私にとって、柿木社長の答えは意外なものだった。

「ここ数年、ビジネスの形が変わってきました。お客様の要望が明らかに変化してきたんです。我々世代が若い頃、要望はシンプルで原始的だった。例えば、〝衣食住〟に関わるもの。家が欲しいとか車が欲しいとか。何時までにどこそこまで届けてほしいとか、注文がシンプルで乱暴というか（笑）、男性の粗っぽさのある発想がフィットする世界でした。

ところが、最近はそもそも個人の要求自体がはっきりしなくなってきた。こういう雰囲気のもの、とか、ほぼテーラーメイドでその人だけのものといった繊細な要望に変化してきたのです。むしろ、こちらからお客様の気持ちを読んで提案させていただくなど、これまでのような均一的な発想では対応しきれなくなってきました」

つまり**柿木社長は環境変化に対応するためには同質的な集団から脱却しなければならないという思いから、「女性総合職を増やす」決断をした**のだという。

「これまでのビジネスモデルを引き続き拡張していくことに限界があると感じていました。あと10年たてば、今のビジネスはなくなるかもしれない。つまり、新しい需要を掘り起こす必要があるわけです。**男女比1：1の社会で、9割が男性という同質性の高い組織が、ライフスタイルや価値観の変容してきている社会の課題を解決できますか？**」

2022年10月1日時点で、男性は2908人、女性が443人で女性比率は13・2％と1割強である（図表2参照）。

図表2　丸紅の総合職に占める女性比率の推移（2022年10月現在）

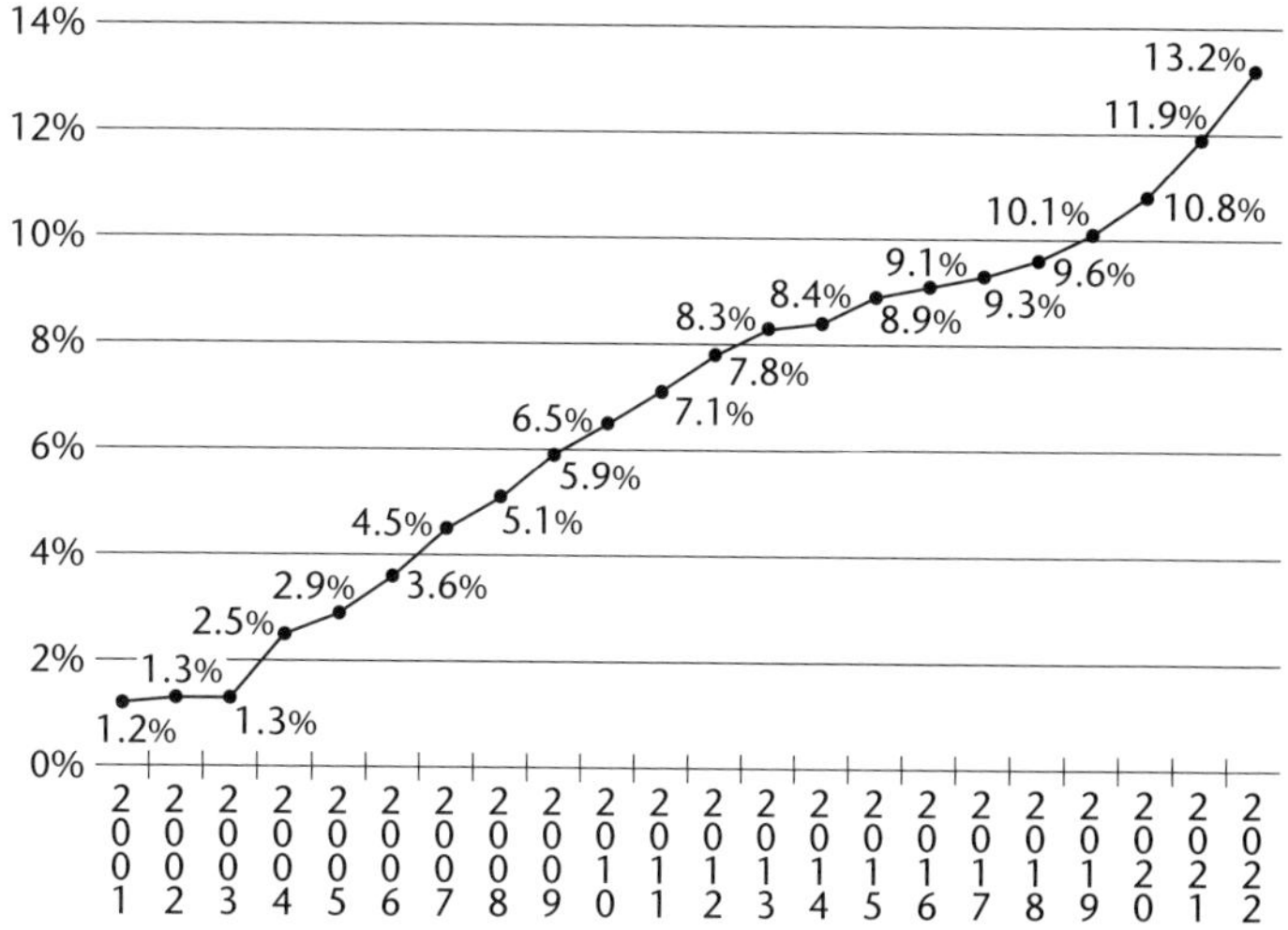

実際、柿木社長は女性登用という人材活用によって新しい需要を掘り起こすことができるという確信を持っていた。

「例えばフェムテックです。男性目線だけではなかなかこうした新しい需要を掘り起こすことはできません」

フェムテックとは「はじめに」でも触れた、女性が抱える健康の課題をテクノロジーで解決できる商品やサービスだ。例えば、生理痛を改善する器具や月経周期を予測するアプリなどのサービスがある。これまで光が当たりにくかった課題が、テクノロジーの発達や女性起業家の増加などが後押しとなって、世界の全人口の約半分の健康問題に取り組むテクノロジーとして急成長し

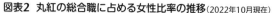

ている。

「こうしたホワイトスペース、つまり**ビジネスの空白域を分析して手をつけていない分野を掘り起こしていくためには、新しい発想を持つ、女性や外国人といったこれまでの日本人男性文化と異なる属性を持つ人財を増やすことが必要不可欠**だと数年前から感じていたのです。ちょうどそのタイミングで、人事部の女性課長から『女性総合職の採用を増やしたい』と提言があった。それはいいね、やろう！　と即決しました」

時代の変化に伴う新しいビジネスの掘り起こし、顧客ニーズの変容にこれまでのような同質的な発想では対応できないという「経営判断」の先に、社員の多様性や女性の登用があったという柿木社長のお話は、そのまま国の政治にも当てはまるのではないかとしみじみ思ってしまう。

男性と女性でシェアできないのはもはや出産だけ

さらに社長はここ数年、女性社員自体の変化も感じていた。

「入社したとき、学生時代にはあんなにたくさんいた女性がなぜこんなにいなくなってしまうのかと思っていました。かつて商社には『（女性には）できないことリスト』というのが意識としてあって、つまり女性は『残業・出張・駐在はできない』というリストです。家事や子育てと営業の仕事を両立させることはできないと。これではなかなか女性が第一線で働くことは難しいわけです。

しかし3年前くらいから、夫が仕事を休んで私の海外転勤についてきますという女性社員が現れました。また夫を日本に置いて子どもや親と転勤するなど、駐在に対するハードルに明らかに変化が出てきた。さらにコロナ禍でテレワークも定着しましたから、会社に遅くまで残って仕事をする必要もない。ここ数年の働き方改革によって、『できないことリスト』が『できることリスト』になってきたのです」

今や男性社員がやることで女性社員ができないことはない。男性と女性でシェアできないのは、もはや出産だけですよ、と笑う柿木社長。社長自身も出社前には風呂掃除、洗濯などの家事をするそうだ。

図表3
丸紅の海外駐在員数（合計及び女性人数）

アジア	268名	（12名）
アフリカ	23名	（1名）
欧州・CIS	117名	（7名）
中東	52名	（1名）
中国	65名	（7名）
大洋州	34名	（4名）
北米	146名	（11名）
中南米	83名	（5名）
全体	**788名**	**（48名）**

＊2023年4月1日時点
＊カッコ内は女性

「田舎育ちで家の手伝いをよくさせられたから慣れてはいました。子どもが生まれたときも夜中に授乳後のゲップをさせるのは私の役割で（笑）。ただ妻が病気になった時、改めて家事と子育てがどれだけ大変なことなのかを身にしみて理解した。これは女性の機会を奪っている、フェアじゃないと」

柿木社長の口から繰り返し出たのは「フェア」という言葉だ。一般に「クオータ制」など女性登用を増やす議論になると、それは女性にゲタを履かせる「逆差別」だという反論が出ますよね、という私の質問のときもそうだった。

「**私は女性にゲタは履かせません**。もちろん能力で採用することによって結果的に50：50にすべきではという反論も社内でありました。その意見には、**総合職の9割が男性という時点で『フェア』ではない**し、それによってそれほど能力のない男性がゲタを履かせてもらっているのではと言いましたよ。これではいつまでたっても変えられない。**まずは『フェア』でない環境を是正して機会を均等にするということです。それは女性にゲタを履かせる逆差別ではありません**」

実際、丸紅が総合職の女性割合を増やすという1月の発表は、早くも2022年度新卒採用に大きな影響を与えたようだ。内定者に占める女性比率は4割近くまで増加したのだという。

「会社というものに必要なのは金と人財ですが、これまで会社は金をどう使うかということばかりに頑張ってきた。そこで1月の発表を通して、丸紅は人財活用にも力を注ぐこと、さらに具体的な数値目標を発表して男女同数になることへの本気度を示し、発信することが大切だと考えました。実際それによって新卒エントリーの女性比率が上がり、内定者も増えました」

母数が増えれば、それだけ能力ある女性を多く採用できることになる。現在8・2%(2022年10月1日現在)にとどまっている女性管理職数も、採用人数の増加に従い今後増やしていくことが目標であり課題だ。

採用を増やすという本気度が伝われば、エントリーは増える。「そもそも女性がやりたがらない」「女性の候補がいない」という理由付けは丸紅の例を見る限り、言い訳にしか聞こえなくなる。まずはフェアではない環境を是正するという当たり前に見えることが日本ではなぜ広がらないのだろう。やはり柿木社長のようなトップダウンの決断がないと動かないのだろうか。

「考え方の異なるトップの下にいたら、難しかったかもしれません。自分が社長になったからこそできた決断だとは思います」

ポスト・コロナの時代にあって、価値観や環境がダイナミックに変化し、顧客ニーズも多様化している。これまでになかった成長分野の掘り起こしをするためにも、同質的な組織から脱却して、より多様な価値観を人材に取り込んでさらに成長を目指すという柿木社長の決断は、今の日本社会全体にもそのまま求められることではないだろうか。

インタビュー後、私が「日本では男性文化に女性が入ると、生産性が上がるというよりは、話が長くて会議が長びくとか言われて面倒がられるんですよね」と冗談めいてつぶやいた時、柿木社長が「それは相手に対するリスペクトの問題ですよね。相手がどのような属性であれ、リスペクトの気持ちがあればそのようなことにはならないのでは」と言われたことがとても印象に残った。丸紅は「人材」を「人財」と表現する。「人財」こそが最大の資本であり、価値創造の源泉と原動力と語る柿木社長らしい返答だなと感じた。

数値目標を発表後、女性だけでなく男子学生のエントリーにも変化があった

2021年1月に「新卒総合職採用の女性比率を2024年までに4〜5割にする」という数値目標を発表後、丸紅では実際にどのような変化があったのだろうか。

2023年2月、改めて人事部の採用・人財開発課長（当時）である許斐《このみ》理恵さんにお話を伺った。

「一番大きな変化を感じたのは、これまで他業界・他商社を志望していた、つまりそれまで丸紅が就活対象ではなかった女子学生のエントリーが増えたことです。面接でも「女性総合職採用を4～5割に」というニュースを見なければ丸紅を受けなかったという学生がいました。他には「商社は女性が働くイメージではなかったけど、ウェルカムと言われた気がした」「強い女性だけで自分のいくところではないと思ったけど、働いてみたいと思った」という声もありました。

また想定していなかった嬉しい驚きですが、男子学生からも「そういう先進的なチャレンジをする企業で働きたい」という声があって、他商社を志望していた男子学生がより強く当社を志望してくれるなど、むしろ全体的に能力の高く、幅広い採用に繋がっています。21年の発表によって敬遠されるようなことはなかったですね」

新卒総合職採用で女性比率を5割まで引き上げるという数値目標を公表している大手商社は他にまだない。その中で先手をうった丸紅の試みは、男女問わず今の若い世代にとっては意識が高く、魅力的に映るのだろう。結果として、女性採用のみならず男性採用にもポジティブな影響が出たというのだ。ちなみに2022年度の採用において、女

図表4 丸紅の総合職女性採用比率(各年度4月1日時点)

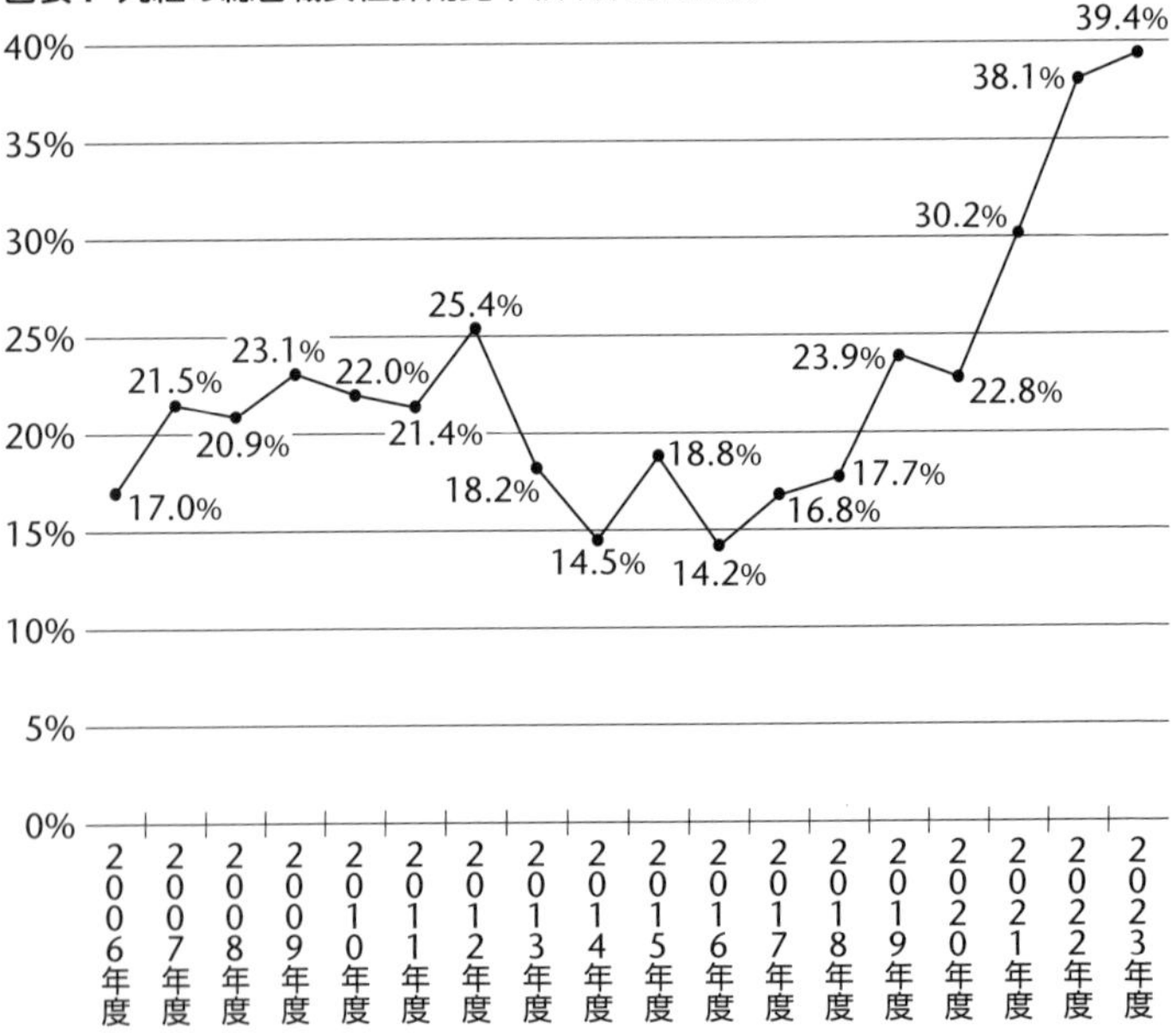

性採用は38・1%に達し、23年度は39・4%となった(図表4参照)。「この2年で4~5割という目標に着実に近づいており、2024年度には達成できる見通しです」と許斐さんは言う。

「環境をフェアに整える意味で本当の実力主義」

それにしても、ずっと中にいた社員の立場としては、今回の数値目標公表についてどう感じたのだろうか。

「「来たな!」と嬉しく思いました。私自身、1998年に新卒で丸紅に入社しましたが、女性総合職が非常に少ない時代、まさに「ザ・男性社会」の時代です。その後2000年代後半から女性総合職の採用が増えましたが、その比率は概ね2~3割ぐらいで推移していました。人財の多様性については社内で議論にあがっており、実際に私が入社した頃と比べて女性総合職が当たり前の存在にはなっていました。ただ、数字をコミットしていなかったので、このままだとこれ以上変化しないのではないかと。ですから数値目標を公表することで、ぐっとドライブがかかるなと思いました」

しかし許斐さんのような受け止めをする社員だけではなく、社内でも当初は賛否両論だったという。

「発表当時、Yahoo! ニュースのコメントやSNSで「他の企業も丸紅に続いてほしい」

という声がある一方で、「女性にゲタを履かせるのか」「今さら男女を語るな。能力で決めるべき」など色々な意見が寄せられていましたが、社内でも少なからず賛否がありました。「女性を増やして会社の競争力が上がるの？」といった意見などが柿木社長宛のオピニオンボックスに寄せられました」

オピニオンボックスとは社員がアンケートフォームに意見や疑問を投稿し、それらに対して社長が回答するという取り組みで、柿木社長は就任以降全ての質問に答えている。

「少なくとも月2回くらいのペースです。中には社長にこんな些細な質問を？　というものも含めて全件に社長自らが答えるメールマガジンが、丸紅本社のみならずグループ会社の社員にも配信されています。今回の件についても「社会・顧客の課題と向き合い、新たな価値を創出するために人財の多様性が必要なこと」「ゲタを履かせるのではなく、環境をフェアに整える意味で本当の実力主義」であるなど、数値目標の意味を丁寧に回答しました。数カ月間かけて社員も腹落ちしていき、意識の共有が進んだのを感じています」

具体的にはどのように社内の空気は変わっていったのだろうか。

「私は新入社員の配属も担当しているのですが、以前は「女性には働きにくい部署だ」、と言われるケースがありました。今はまったくないですね。男女だからどうという話を聞かなくなったのは変化だと思います。女性課長も増えてきましたし、社内の景色そのものが変わってきました」

女性登用は本当に企業・組織のプラスになるのか、証明するデータはあるのかとよく聞かれると私が伝えると、「神学論争のような話ですよね。裏返すと、**同質的組織の方が企業の成長にプラスになるのか、このままで勝てるのか証明してください、という問いでもあるのではないでしょうか。**大切なのは多様性の力を信じ、企業としてそれを実感する機会を増やすことだと思います」という許斐さん。商社社員というよりあくまで個人的な見解として、こんな話をしてくれた。

「スターバックスの日本上陸（96年）はひとつのターニングポイントだったなと印象に残っています。それまで砂糖抜きくらいしかできなかったことが、フォーム（泡）多めとか自分の好みにカスタマイズしてくれるんだと。

時代が明らかに変化して、他の業界でもお客様個人に対する最適化みたいなことが始まり、ニーズが細分化されていきました。世界がひとつに繋がってグローバルなサプライチェーンが実現したり、テクノロジーが進化したりすることでさらに細かく、これまでにないニーズに対応できる時代になりました。YouTuberもそうですが、すべての人がオポチュニティ（機会）を手にしていて、もはやサプライヤーではなかった人がサプライできるということがどの業界でも起きているわけです。
そうなると、商社のようなB to B[*]メインの世界であっても、同じようなことが起きてくるわけで、細分化された多様なニーズにどれだけのスピード感をもって対応できるかがビジネスの勝負のひとつになっていく。そこで必要になってくるのが人財の多様性です。色々な価値観から生まれるソリューション（解決法）を出しながら、効果はビタミン剤みたいにじわじわと効いてくるのだと思います」

丸紅は新たに「ウェルネス事業」に女性部長を任命して事業開発を加速させている。この部署では、アジアの中間層、特にZ世代[*]やミレニアル世代[*]といった次世代消費者をターゲットにしたブランド事業、その販売を促進する流通事業の確立に注力している。

具体的には、フランス発の化粧品ブランド「SHIGETA PARIS」の日本事業への出資参画、国内調剤大手のアインホールディングス傘下の「アインズ&トルペ」の海外事業展開、国内トップシェアの一角である子供靴ブランド「IFME」、アウトドア靴ブランド「MERRELL」の事業拡大などだ。「ウェルネス事業」は女性部長のリーダーシップのもと、事業開発を通じてアジアの経済成長を取り込みつつ、人々のライフスタイルに彩りを与えていくことをミッションとしているそうだ。

柿木真澄社長は「統合報告書2022」上のCEOメッセージでこう語っている。
「多様なバックグラウンドを持つマーケットバリューの高い人財が集い、活き、繋がり、新たな価値が創造されるような生態系を「丸紅人財エコシステム」と名付け、人財戦略の基本概念としています。中でも人財の多様性は最も重要な概念です。非連続で予測困難な時代において、環境変化にしなやかに対応していくためには、人財の多様性を確保し、活かしていくことが必要不可欠です。いわば、成長戦略の土台になるものと捉えています」

始まったばかりの新しい丸紅の人財戦略は、10年後にどのような結果を出しているだろうか。また、男性中心の体制を継続することは、組織にとってリスクとなりうるのだろうか。

意思決定層への女性登用、人材の多様性が企業にどのような影響を及ぼし、どのよう

＊B to B……「Business to Business」の略。メーカーとサプライヤー、卸売業者と小売業者など、企業間で行われる取引
＊Z世代……1990年代半ばから2010年代前半生まれ
＊ミレニアル世代……2000年代になってから成人した世代

なプラスがあるのか、次章では具体的なデータを見ながら検証していきたい。

第2章

データが明かす意思決定層への女性登用が企業にもたらすメリット

本章では「企業において、女性が意思決定層に入るとどのようなメリットがあるのか」、さらに「女性の労働環境整備は、企業や日本経済全体にどれだけのメリットをもたらすのか」を具体的にデータで見ていきたい。

データ収集と検証については、テーマに賛同してくださったＰｗＣコンサルティング合同会社ソーシャル・インパクト・イニシアチブ部門の下條美智子ディレクターと坪井千香子マネージャーのお力を借りることで、国内外の資料により幅広くリーチしたきめ細かいものにすることができた。

ＰｗＣコンサルティング合同会社（以下、ＰｗＣコンサルティング）は、世界１５２カ国に約32万８０００人のスタッフを擁するＰｗＣグローバルネットワーク（数字は２０２２年6月末時点）のメンバーファームである総合系コンサルティング・ファームである。多様な視点からイノベーションを起こし、クライアントや社会の課題解決に貢献するためにも、「インクルージョン＆ダイバーシティ」はＰｗＣコンサルティングにとってコアバリューのひとつであり、推進に力を入れている。下條さんと坪井さんは、第3章で取り上げる【政治分野における女性のさらなる活躍に向けて】というレポートを村上財団と共同執筆するなど、政治・経済分野における女性参画について熱心に取り組まれている。

経済分野における女性参画について、明らかになったこと

＊意思決定の場に女性が参加している企業は、参加していない企業に比べてROS・ROEがともに高い

＊意思決定層に男女がともにいる企業やファンドは男性のみが経営する企業やファンドよりも危機からの回復が早いという点において、相関関係が見られる（直近では、新型コロナ危機からの回復など）

＊女性の労働力人口を拡大すると、2040年に実質GDPに約40兆円のインパクトがある

＊少子化が進み労働力人口が大きく減少していく中、2040年にかけて女性活躍を進めると、減少幅は約300万人に抑えられる

1 意思決定の場における多様性の確保は好業績に繋がる

1―多様性の高い企業は好業績である

モルガン・スタンレーによる調査データによると、組織のあらゆる階層に女性が配置され、会社役員の性別バランスがとれている多様性の高い企業は、これらが低い同業他社と比べて、２０１１年から２０２２年の間に平均リターンを１・２％上回るとされている。性別に関係なく組織に多様な人材を適切に配置することで、企業経営や運営における視野が広がり、良い意思決定に繋がる。投資判断においてはポートフォリオの収益率を向上させる可能性を持っているとわかってきた（出典1）。

また内閣府男女共同参画局も「女性活躍推進の経営効果について」という資料において、女性の活躍推進が進む企業ほど経営指標が良く、株式市場での評価も高まるとして、

図表5 女性役員と利益率

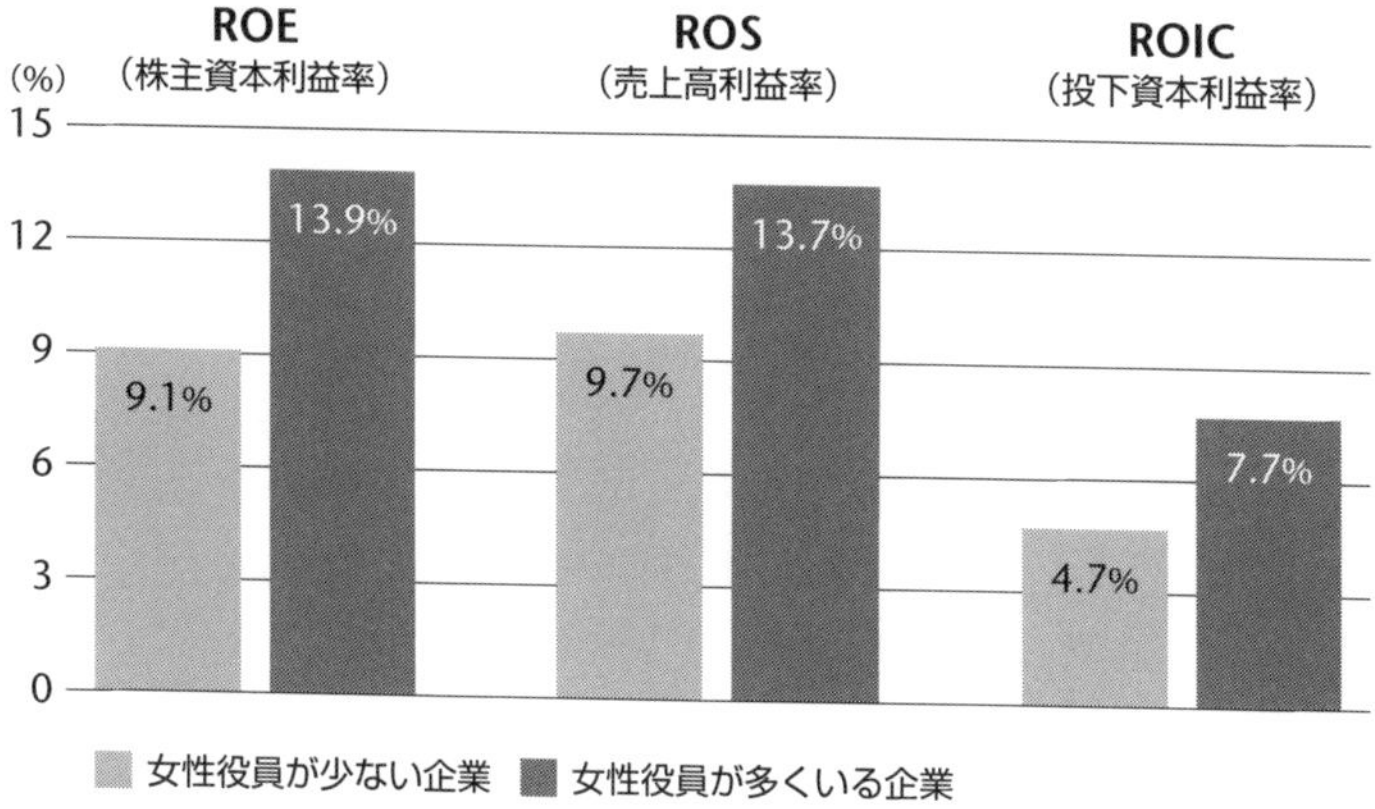

出典：内閣府男女共同参画局の資料より作成

ROEとは「株主資本利益率」で、Return on Equityの略である。株主からの資金がどれだけ利益に繋がったかをあらわす財務指標で、ROEが高ければ、株主資本を効率よく活用して収益を上げる経営が行われていることになる。女性役員が多くいる企業群は、女性役員が少ない企業群に比べて、このROEがかなり高くなっていることがわかる。

ROSとは「売上高利益率」で、Return on Salesの略である。コストや人件費、税金などを差し引いたあとに残る純利益が売上金額に対してどのくらいあるかを示す数値。高い企業ほど、収益力があるということ。ROSを比較することで、その企業の市場での競争力を測ることができるが、やはり女性役員が多くいる企業群は、女性役員が少ない企業群に比べて売上高利益率が高い。

ROICは「投下資本利益率」で、Return on Invested Capitalの略。企業が投じた資金（投下資本）を使って、どれだけ効率的に利益を生み出したかを見る指標。税金を差し引いた純利益を投下資本額で割ることにより計算される。これも女性役員が多くいる企業群は少ない企業群に比べて高くなっている。

図表6 役員会の女性比率と企業の財務状況の関係

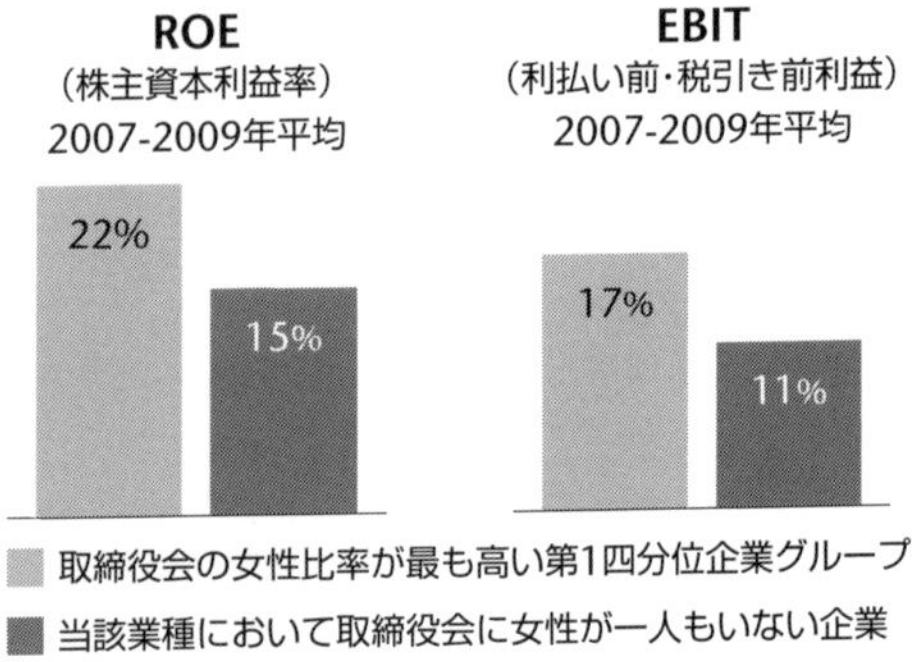

産業別の分析結果

産業	会社数	ROE	EBIT
消費財、小売	38	✔	✔
工業、製造業	65	✔	✔
エネルギー、基礎原料、環境	75	✔	✔
銀行	35	✔	ー
テレコム、メディア、娯楽、技術	38	✘	✘
交通、物流、観光	15	✔	✔

✔ 証明済　ー データなし　✘ 証明されず

備考：1.第1四分位：取締役会に占める女性の割合が
当該業種において最も高い上位25%の企業グループ。
2.ROE：279社の2007〜2009年の期間について平均を算出。
3.EBIT：銀行、保険、金融サービス業を除く231社のサンプル。
［注］調査範囲は、欧州6カ国
（イギリス、フランス、ドイツ、スペイン、スウェーデン、ノルウェー）
及びBRICs（ブラジル、ロシア、インド、中国）。
出典：McKinseyウェブサイト
男女共同参画局ウェブサイトの参考資料より引用
https://www.gender.go.jp/kaigi/kento/mieruka/siryo/pdf/sankou1.pdf

女性役員の存在が優れた財務業績に結びついていることや、女性役員の登用されている企業の財務業績指標は格段に優れているというデータを示している（図表5、6参照）。

いったいなぜ女性役員が多い企業は、ここまで利益率が高くなるのだろうか。下條さん、坪井さんはこう分析する。

「やはり**人口比の半分を占める女性の消費活動は大きな影響力を持っています。**女性の求める製品やサービスを見極めて、時代にあったものを提供するのは企業の必須戦略ですが、男性中心の同質性の高い組織ではそれがなかなか難しい。女性をはじめとする社会の需要や動向にいち早くリーチするためには、組織の多様性、柔軟性は重要であると考えます。

さらに、フェムテックのように、働く女性が増えて、昔にはなかったニーズがたくさん生まれていることを察知し、いち早くそのマーケットを狙っていけるかどうか。**意思決定層に多様性がない企業は、当事者にしかわからない新しいマーケットに目が向きづらい**のでしょう。

また、多様な人材が活躍できる組織であることが、結果的に、従業員のモチベーション向上に繋がります」

2―多様性の高い企業はレジリエンスがある

一般的に、女性は男性よりリスクを検知する能力が高いことは、これまで多くの論文やレポートで示されている（出典2）。

あくまで一般論にはなるが、その理由として女性は、幼い頃から社会的な結びつきを良好にするための役割を求められがちで、ソーシャルスキルを向上させる必要があり、コミュニケーションを介してわずかな変化や微妙なサインを読み取る力を高めてきたからだと考えられるだろう。

また、平均的に見ると女性は男性と比較して身体的な能力が低いため、常に身を守るために先行きを予測して危険な状態を回避する策をとる傾向があることも理由にあげられるだろう（もちろんこれらは全体的な傾向の話であり、個別のケースに必ず当てはまるわけではない点には留意が必要である）。

国際金融公社（ＩＦＣ）で長いキャリアを持つマリム－ボウル氏（CEO of Women of the World Endowment）は、２００８年の金融危機をきっかけに実施したリサーチ結果を受けて、企業の意思決定を男性のみよりも、女性も含めた多様性が確保されている経営状態で行う方が、リスクに対する適応能力が向上し危機からの回復が早いと指摘している。また、株価のパフォーマンスと収益性の点で、男性だけの企業よりも約21％優れているという（出典3）。

つまり、**意思決定層に男性と女性が混在する企業の方が、レジリエンス（回復力）が強く、困難な問題、危機的な状況から早く立ち直ることができる**ことを示すレポートだ。これはコロナ禍でも見られた傾向であり、投資先としても好ましい企業と判断されている。

「**最近は女性がどうこうというよりも、ダイバーシティ・多様性という考え方が大事**です。簡単な例になりますが、文章をチェックするにしても、色々な人が見ると、ここ違うよね、といった見落としに気づきますよね。それと同じで、同質的な価値観を持つ人たちのグループでは見えなかったリスクに、異なる視点を持つ人が関わることで気づくことができる。

特に今の時代は、昔に比べて先行きが不透明であり、不確実性が増えてきています。

そうした中で同質的な組織ではリスク管理においても視野が狭まるので、想定しない事態への備えが十分なされにくい。備えていないので回復も遅くなるという結果だといえます。女性が多いから良いわけではなく、あくまでバランスのとれたミックスの状態が効果的とされています」（下條さん・坪井さん）

3——多様性の高い企業は投資の観点からも重要視される

ＥＳＧ投資のＥＳＧとは、単語の Environment（環境）、Social（社会）、Governance（ガバナンス）の頭文字を繋げた用語だ。つまり環境・社会・ガバナンスに配慮している企業を重視・選別して行う投資のことで、ＥＳＧ評価の高い企業は事業の社会的意義・成長の持続性など優れた企業特性を持つとされる。

２００６年に国連が機関投資家に対してＰＲＩ（責任投資原則）を提唱したことをきっかけにＥＳＧ投資は世界中で拡大した。２０１５年に国連でＳＤＧｓ（持続可能な開発目標）が採択されると、ＥＳＧに対する企業や投資家の行動もより具体的かつ積極的になっていった。

図表7 投資チームのジェンダー構成

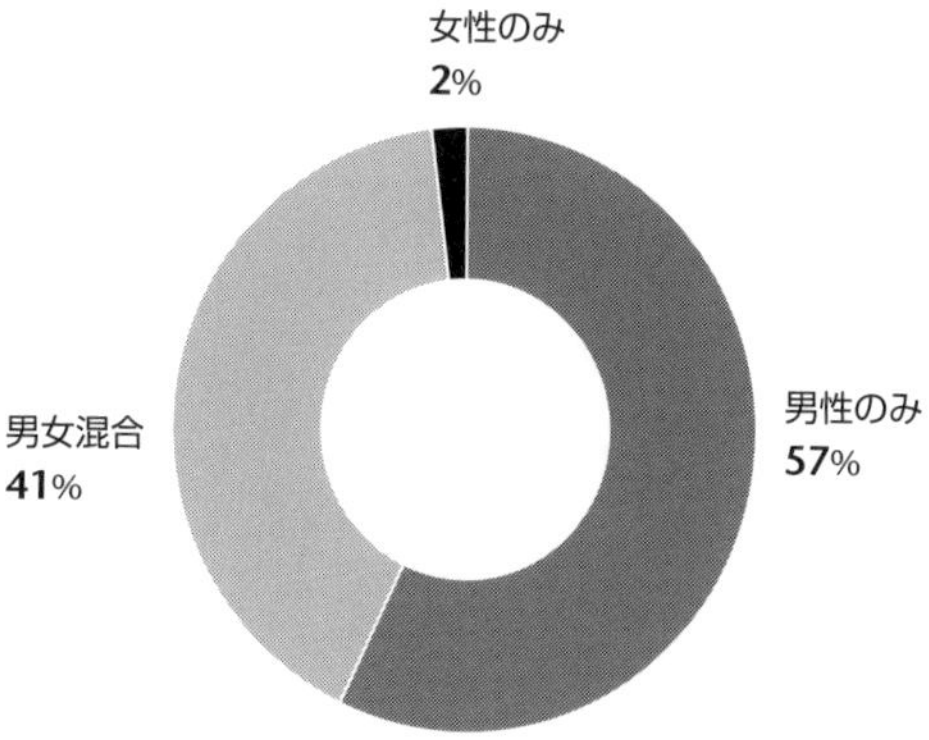

年換算での運用利益実績

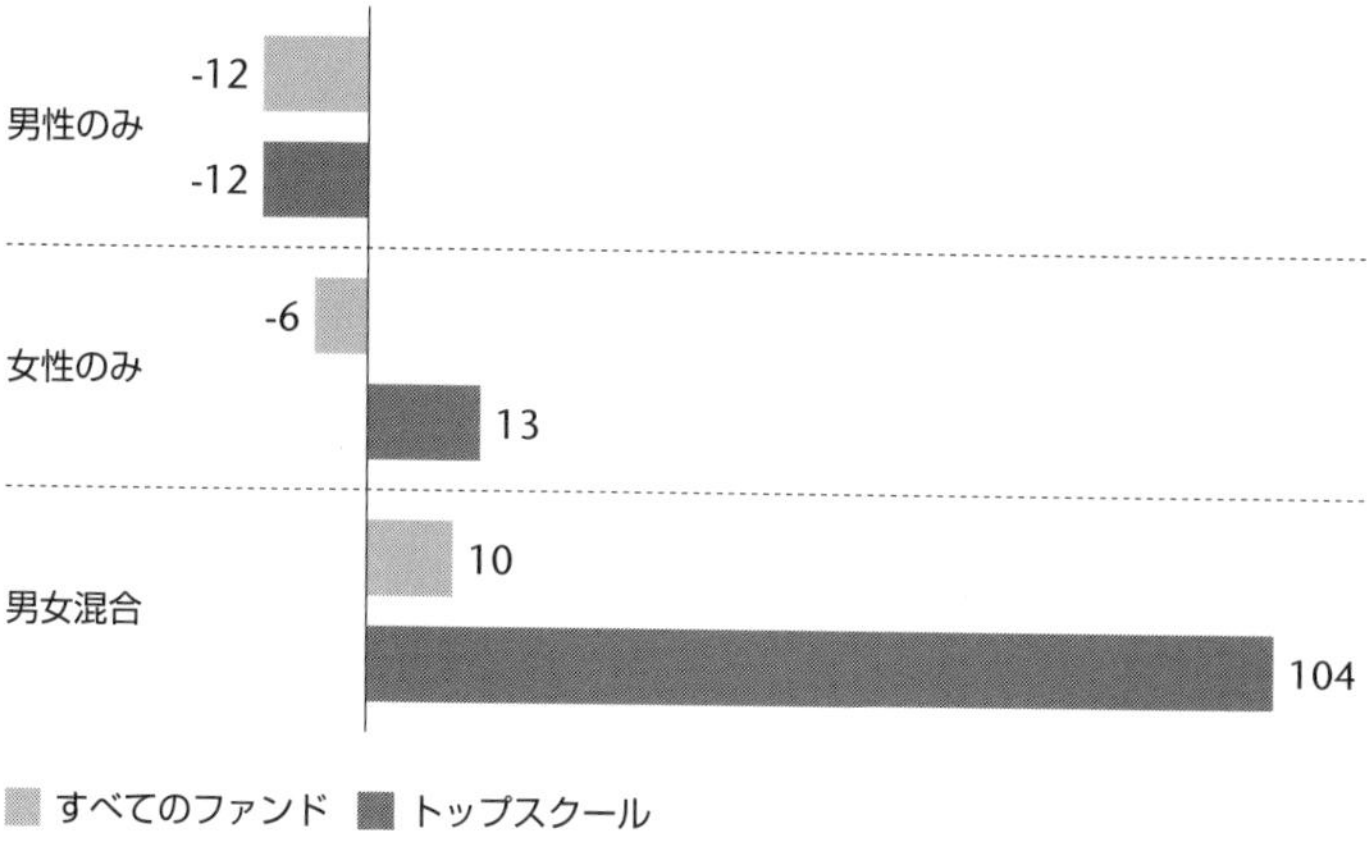

備考：トップスクールとは、メンバーの過半数がアイビーリーグの大学を卒業したチーム。男女混合とは、女性か男性が、少なくとも1人は含まれるチームを指す。

出典：Vanguard "Telltale signs of higher returns? Gender mix could be one"

図表8　均等推進企業表彰銘柄の対TOPIX超過累積リターン（平均値）

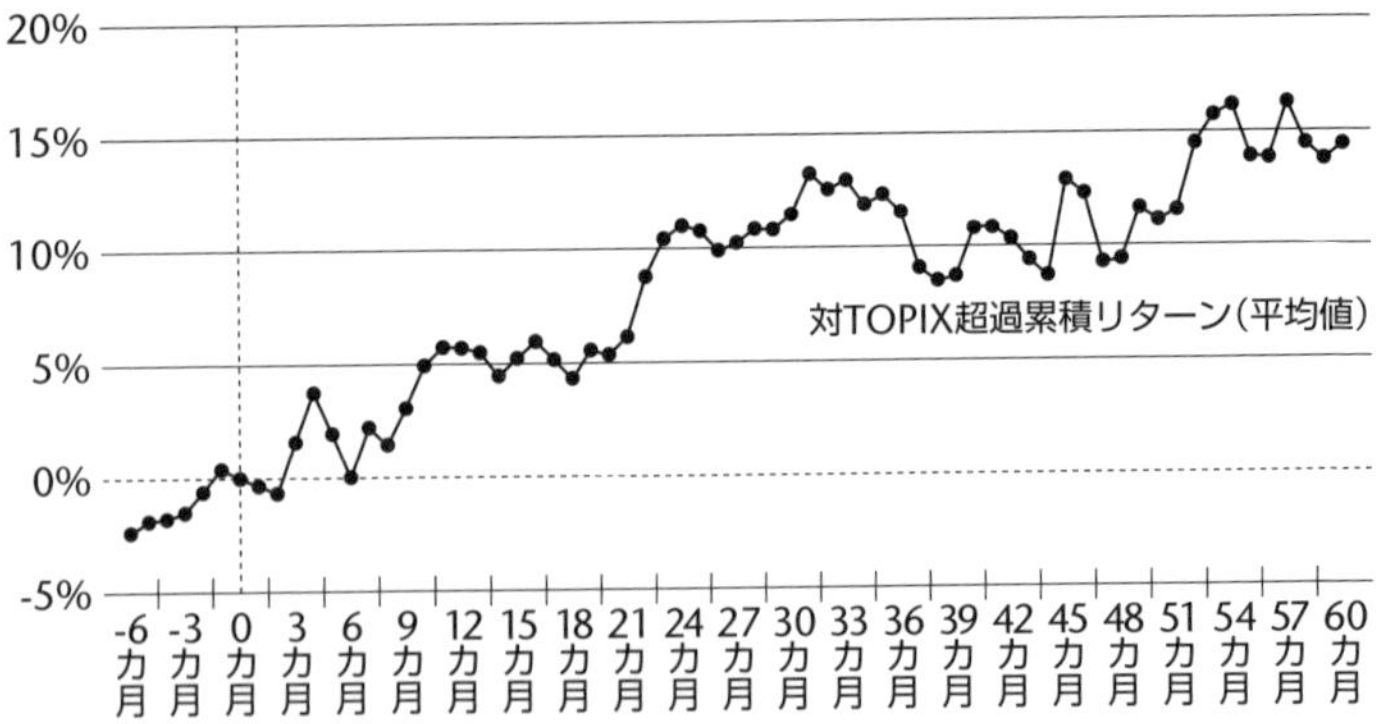

資料：大和証券キャピタル・マーケッツ（株）金融証券研究所「クオンツ情報」（2011年6月14日）
［注］厚生労働省（「均等・両立推進企業表彰（うち、均等推進企業部門及び均等・両立推進企業表彰。平成18年度までは均等推進企業表彰）」の受賞企業（表彰月の月末に上場していた152企業））及び東証データをもとに作成。
男女共同参画局ウェブサイトの参考資料より引用
https://www.gender.go.jp/kaigi/kento/mieruka/siryo/pdf/sankou1.pdf

マリム－ボウル氏はＥＳＧ投資において、ジェンダー・ダイバーシティは中核のひとつとなりうるとして、先ほども触れた通り女性は男性よりリスクを検知する能力が高く、決定を下す前により多くの調査を行い、資本をより効率的に運用する等の要素をもたらすといった理由を挙げている（出典3）。

データを見ても男女のバランスがとれた投資チームは、すべて男性またはすべて女性のチームよりも優れたパフォーマンスを発揮することがわかる（図表7参照）。これもまた視点の多様性によるものと考えられる。

また内閣府男女共同参画局は、日本

においても女性の活躍推進に取り組んでいる企業は株式パフォーマンスがＴＯＰＩＸ平均を上回る水準で安定して上昇する傾向にあることをデータを使い示している（図表８参照）。

４──多様性の高い企業は良い人材を採用できる

ＰｗＣの調査（図表９　グローバル従業員意識／職場環境調査『希望と不安』）によると、Ｚ世代は他世代よりも「自分らしさを発揮できる」環境や「ウェルビーイング」を重視している。ウェルビーイングとは肉体的、精神的、社会的すべてにおいて幸福で満たされた状態だ。また、「自分らしさを発揮できる」環境のためには、経営側による従業員一人ひとりの個性の尊重や、様々な考え方やバックグラウンドを持った人々を尊重し、多様性を受け入れるインクルージョン（包含・包摂）が必要となる。これらのデータから、多様性を認め、従業員の能力をフルに発揮できるようにコミュニケーションを円滑にすることは、企業にとって人材確保に欠かせない要素だと考えられる。多様性の高い企業は従業員エンゲージメントの向上にも繋がり、より良い人材をリクルートすることに繋がるだろう。

図表9 グローバル従業員意識

あなたが職場環境の変化を検討する際に、以下の要素はどの程度重要ですか?

(「極めて重要である」と「とても重要である」の回答のみ表示/日本/世代別/降順)

項目	全体	Z世代(18-25)	ミレニアル世代(26-41)	X世代(42-57)	ブーマーズ(58-77)
自分の仕事に対して金銭的に適正に報われている	55%	54%	58%	53%	51%
仕事が充実している	47%	51%	48%	44%	51%
仕事でも自分らしさを発揮できる	46%	55%	48%	42%	45%
自分に合った仕事の仕方を選択できる	43%	48%	51%	37%	37%
いつ働くかを選択することができる	35%	48%	42%	31%	26%
上司が私の立場を考慮して意思決定をしてくれる	35%	39%	40%	32%	31%
チームが私のウェルビーイングを気遣ってくれる	35%	51%	39%	32%	28%
自分の職務において期待されている以上のことをすることができる	33%	42%	34%	31%	32%
自分の仕事がチームの成果に大きな影響を与えている	30%	32%	31%	28%	30%
仕事において、創造的/革新的であることができる	29%	37%	30%	26%	30%
どこで働くかを選択することができる	28%	38%	34%	23%	22%
キャリア開発するための明確なプランがある	28%	35%	32%	24%	25%

出典:PwC「グローバル従業員意識/職場環境調査『希望と不安』(Global Workforce Hopes and Fears Survey 2022)」

また内閣府男女共同参画局は、女性活躍推進に必要なワークライフバランスの環境整備に取り組む企業は何もしない企業に比べ、生産性が2倍以上高いとしている（図表10参照）。

ここまで見てきただけでも、意思決定層にバランスよく女性を配置すれば、利益率が上がり、危機回復能力も高くなり、投資を呼び込み、良い人材を採用しやすくなるなど、良いことずくめであることがわかる。

この環境を実現するためには、具体的にどのような取り組みがあるのだろうか。

「**女性管理職を増やしていくためには、**子育てや介護等の両立支援策によって働き続けやすい職場環境を構築することはもちろん、**〈均等支援（エクイティ：公平性の概念）〉も重要**です。育児休暇や短時間勤務など、育児と仕事を両立するための〈両立支援〉に対して、さまざまな状況のすべての人に、機会や情報を公平に提供することが機会均等（エクイティ）支援です。

内閣府男女共同参画局でも既存のギャップを解消し、均等支援を推進するための「ポジティブ・アクション」を示しています。代表的な例では、クオータ制やプラス・ファ

図表10 ワークライフバランスに取り組む企業の方が業績が良い傾向に

ワークライフバランス（WLB）に対する取り組みと粗利益率の関連

（「何もしない型」の粗利益率を1とした場合）

備考：1.『育児介護支援成功型』＝「育児介護支援」が生産性にどう影響を与えたかについて、
人事担当者の評価により『成功型』『無影響型』『失敗型』に分類。
『成功型』は、人材活用のために取り組むという意識が高く、
推進本部の設置等積極的な取り組みを行う企業が多い。
2.『全般的WLB推進型』＝「法を超える育児介護支援」と「雇用者が柔軟に働ける制度」の
どちらも取り組み度合いの高い企業。
3.『ほとんど何もしない型』＝どちらも取り組み度合いの低い企業。
＊『仕事と生活に関する国際比較調査』（2009年経済産業研究所）の
日本企業データの分析結果の一部を用いて作成。
出典：R ETI BBL（2011年12月21日）「企業のパフォーマンスとWLBや女性の人材活用との関係：
RIETIの企業調査から見えてきたこと」山口一男シカゴ大学教授、R ETI客員研究員

ワークライフバランスに対する取り組みと、企業の全要素生産性の関連

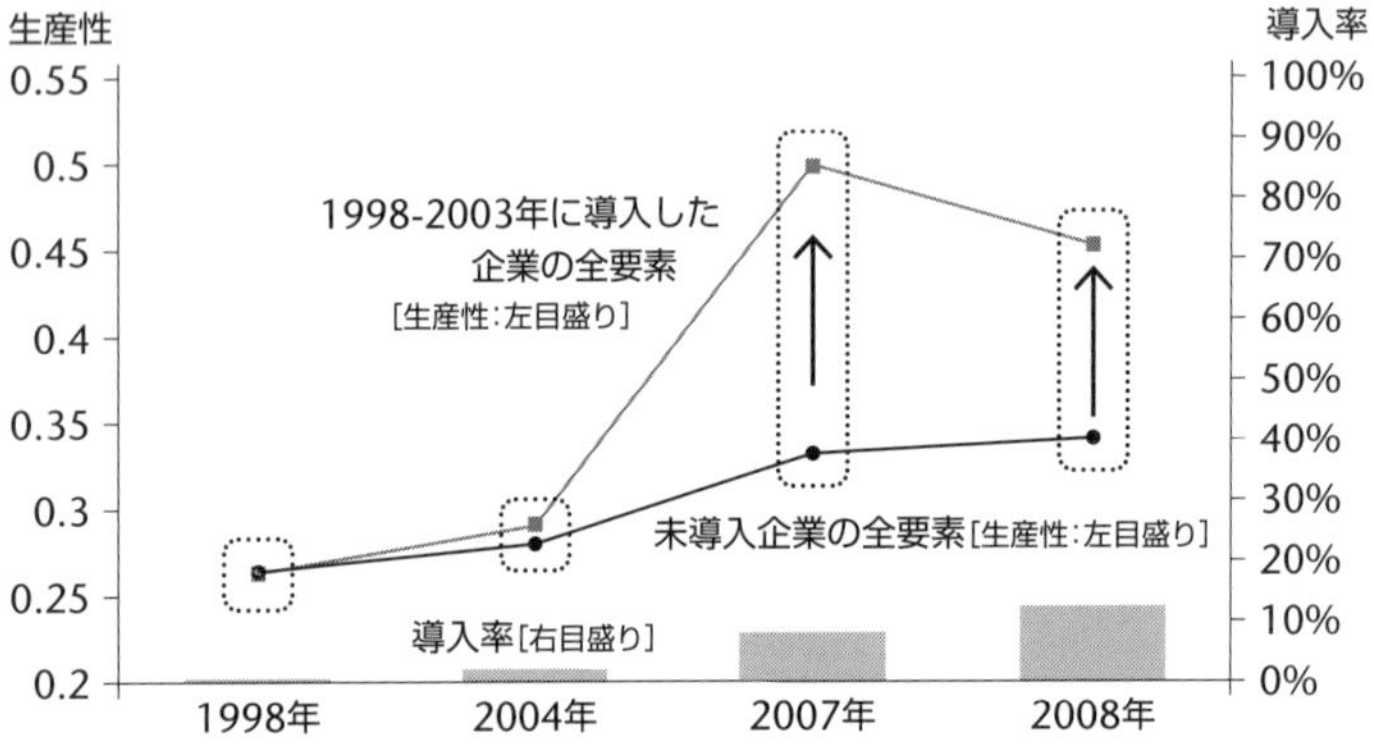

出典：山本勲・松浦寿幸（2011）RIETI-DP.
いずれも経済産業省作成資料より引用
https://www.gender.go.jp/kaigi/kento/mieruka/siryo/pdf/m01-03-3-3.pdf

クター方式[*]などがあります。

私たちの見解では、**女性管理職を増やすという観点において、メンター制度[*]は実効性が高い**と思っています。ただ、このメンター制が女性同士で組まれているケースが多い。現状、**意思決定層には男性が多いので、メンターを男性、メンティーを女性にするなど工夫をして、組織として女性を引き上げていく仕組みが必要**です。

この構図の場合、メンターはこれまで自分が経験したことがないような事柄をメンティーから聞くことになります。傾聴して対話を行いながら、助言を行い、具体的に社内での起用方法を検討することは、メンター自身も社会課題に向き合う機会となり、リバース・メンタリングの効果も合わせ持つのではないかと思います」（下條さん・坪井さん）

意思決定層に多様性を持たせることによって生まれる様々なメリットは、内閣府を筆頭にすでにあらゆる研究・調査が証明し、さらに女性管理職を増やすための手段も提示

*プラス・ファクター方式……能力判断の際、構造的に忍び込む女性の不利益な取り扱いを埋め合わせする手法。職務遂行能力が同等である場合、一方を優先的に取り扱って実質的な機会均等を実現する方式

*メンター制度……豊富な知識と職業経験を有した社内の先輩社員（メンター）が、後輩社員（メンティー）に対して行う個別支援活動

されている。それなのに、なぜまだ多くの企業で改革が進まないのだろうか。

「業種や規模を問わず様々な企業の女性活躍状況を取材してきましたが、会社経営者には現場で働く人たちの実態は見えづらいのだと実感します。ましてや、マイノリティの困りごとまでは目が行き届かないのかもしれません。

あるいは、女性活躍の重要性を理解しているものの、実際に自社で施策を講じようとすると『無理だな……』と思われてしまう。例えば、重たいものを運ぶような仕事や運転等の業務、あるいは営業活動について、先入観から女性には向いていないと考え、女性を配属しないようなケースも散見されてきました。

しかし、今は男性だけで保たれているとしても、将来を支える若い世代の労働力を確保することは難しくなる可能性があります。男女ともに生き生きと働ける職場とするため、全般的な労働環境や働き方を変える必要があるかもしれません。女性活躍推進をきっかけとして、『現状では会社自身が変革する機会を逸しているかもしれない』と考える視点も必要だと思います」（下條さん・坪井さん）

しかし、すぐに結果が出ないものに対して行動を起こすのはなかなか難しいと考える経営者も少なくないだろう。

「一企業で女性活躍の取り組みを定着させ成果を出すためには、早くても10年かかると言われています。長期視点での取り組みが必要です。経営者は3年から5年で交代することが一般的だとすると、その先に創出されるインパクトについて『今やらなければならない』という切羽詰まった問題意識が起きづらいのかもしれません。

また、株主評価では、長期観点を持ちつつも、短期での業績評価を見られるため、変革期を乗り切るほどの強い意志やコミットメントがある経営者でないと、達成できないという側面もあると感じています。

一方で、**海外の投資機関では女性活躍に関する指標を見ることがスタンダードになってきています。**つまり、**ミニマムスタンダードである30％登用すら達成できていない企業がほとんどである日本は、投資先として選ばれなくなるというホラーストーリーも現実味を帯びてきます**」（下條さん・坪井さん）

すぐに結果が出るものではないからと先延ばしにしていると、世界のスタンダードからこぼれ落ちる。しかし逆に考えれば「ミニマムスタンダード30％」を達成すれば、企業の評価を高めることに繋がり、海外からの投資を呼び込むチャンスにもなりうるのだ。

2 女性労働力人口の拡大は約40兆円のインパクトがある

1―女性活躍とGDPには相関関係がある

ジェンダーギャップ指数と一人当たりのGDPをまとめたグラフ（図表11参照）を見ると、アイスランド、ノルウェー、フィンランド等、ジェンダー平等が進んでいる国ほどGDPが高い。日本はジェンダーギャップ指数が先進国の中で最低だが、一人当たりのGDPもそれほど高くないことがわかる。

こうした調査においては、相関関係が認められても、因果関係の有無について証明するのはむずかしい。しかし、女性の給与が低く抑えられたり、男性に比べて非正規が多く雇用が不安定であったりするという現実がある。他にもいわゆるチャイルド・ペナルティ*によって、昇格・昇進の遅れや賃金格差、職場での居場所の無さなどからキャリア

図表11 ジェンダーギャップ指数（総合）と一人当たりGDP

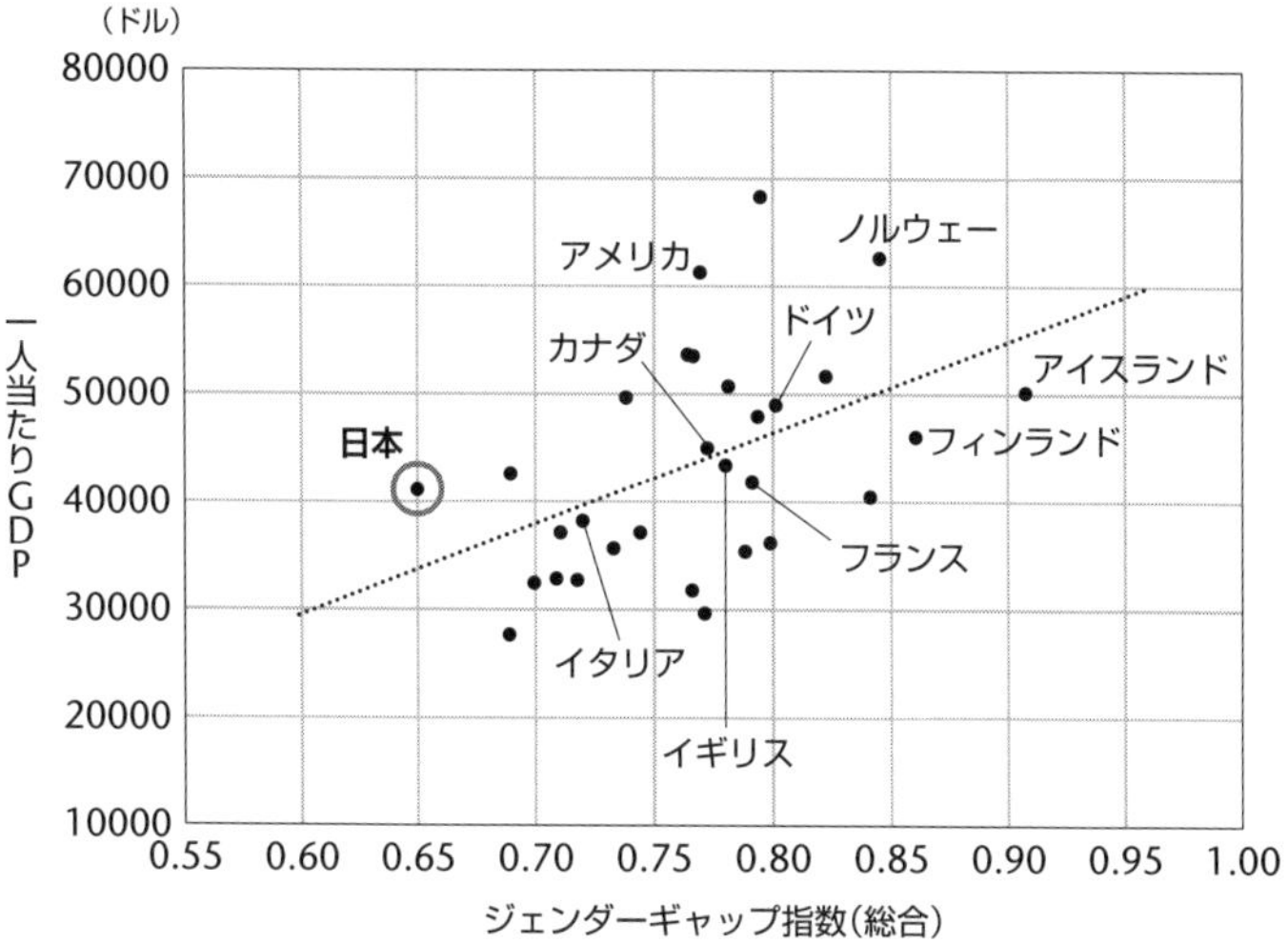

備考：世界経済フォーラム「グローバル・ジェンダーギャップ報告書2022」、OECD.Statより作成。
一人当たりGDPは実質値で、2015年のUSドル基準。
OECD加盟国のうち、チリ、コロンビア、コスタリカ、アイルランド、イスラエル、ルクセンブルク、メキシコ、トルコをサンプルから除く。

を築く上で不利になり、仕事を辞めたり雇用形態を変えたりせざるをえないことなど、人口の半分を占める日本の女性をとりまく状況が要因となっている可能性は高いだろう。

もちろん国の規模、福祉、税のあり方など多くの要因が絡まっている問題であり、単純な比較はできないものの、ジェンダー平等が進めば、男女の賃金格差は小さくなり、子どもが生ま

＊チャイルド・ペナルティ……出産や子どもを持つことによって生じる社会的に不利な状況

図表12 男女の賃金格差

❶ 一般労働者（短時間労働者以外の常用労働者）**の賃金（月額）**[注1]

男女計	311,800円	（前年比1.4%増）	（年齢43.7歳、勤続年数12.3年）
男性	342,000円	（同1.4%増）	（年齢44.5歳、勤続年数13.7年）
女性	258,900円	（同2.1%増）	（年齢42.3歳、勤続年数9.8年）

＊男女間賃金格差（男＝100）75.7（前年差0.5 ポイント上昇）

❷ 短時間労働者[注2]**の賃金（1時間当たり）**

男女計	1,367円	（前年比1.2%減）	（年齢46.3歳、勤続年数6.5年）
男性	1,624円	（同 0.4%減）	（年齢43.9歳、勤続年数5.6年）
女性	1,270円	（同 1.6%減）	（年齢47.2歳、勤続年数6.9年）

[注1] 6月分として支払われた所定内給与額の平均値（❶は月額、❷は時間額）。
[注2] 同一事業所の一般の労働者より1日の所定労働時間が短い又は
1日の所定労働時間が同じでも1週の所定労働日数が少ない常用労働者をいう。
出典：厚生労働省「令和4年賃金構造基本統計調査」

れた後も昇進・昇格を含めて働きやすい労働環境が整備される。そのため、結果として一人当たりのＧＤＰも高くなる傾向にあるのは当然だともいえる。日本における突出した男女の賃金格差については、改めてのちほど取り上げる。

ちなみにＧＤＰと女性の就業に関する相関関係については、総務省と内閣府の調査による次のデータもある。女性の就業希望者は171万人いると推定され、全員が就業すると、就業者数は約2・5％増加することになり、これは実質ＧＤＰを約1・8％（約10兆円）押し上げる効果があると試算されている（図表13参照）。

図表13 女性の就業希望者とGDP

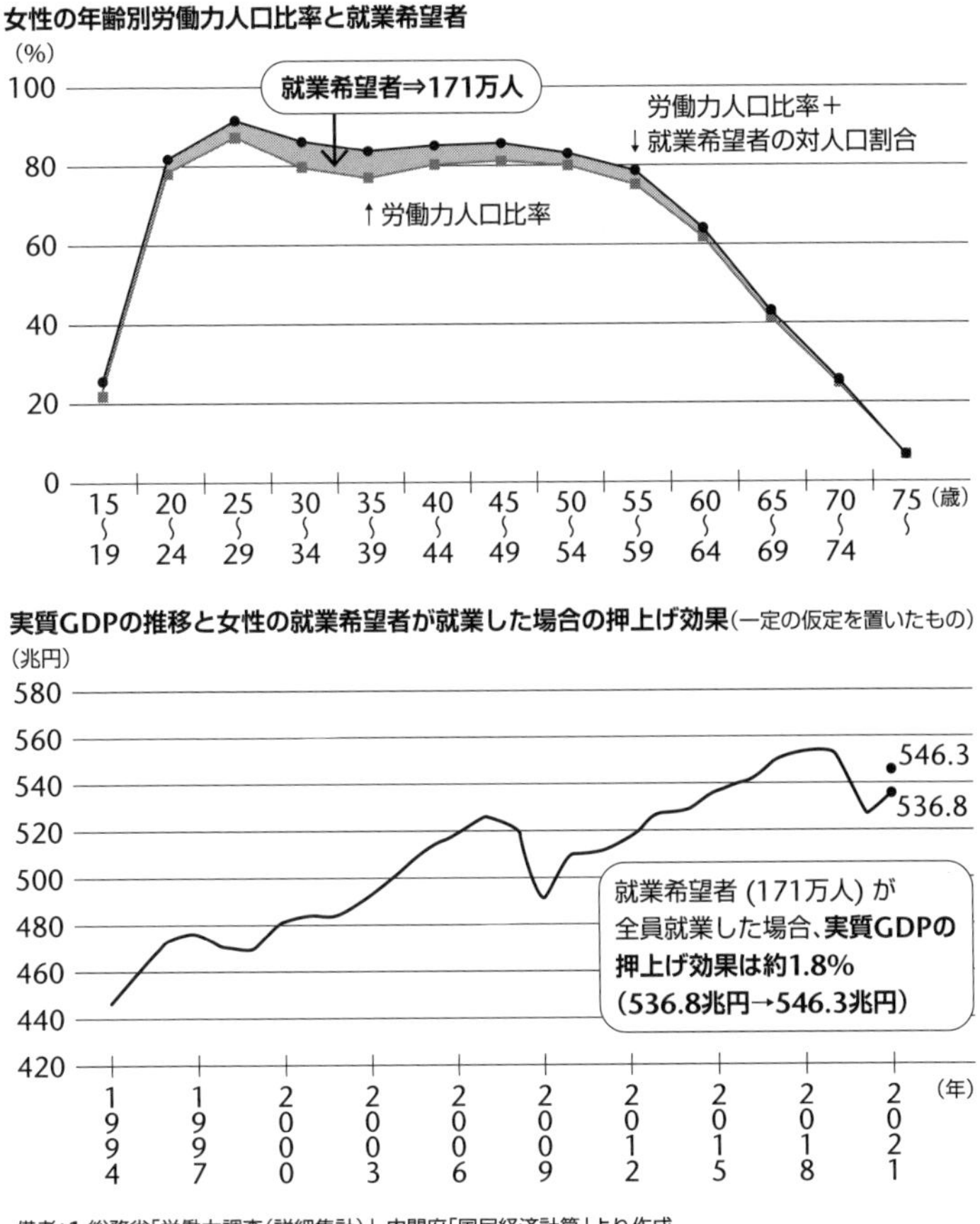

備考：1.総務省「労働力調査(詳細集計)」、内閣府「国民経済計算」より作成。
2.労働力人口比率＋就業希望者の対人口割合は、
(「労働力人口」＋「就業希望者」)／「15歳以上人口」×100。
3.実質GDPの押上げ効果の試算にあたっては、コブ=ダグラス型の生産関数を前提に、
成長会計の手法を用いている。以下の式に基づき、生産性を推計した後、
生産性と固定資産が一定と仮定し、就業者数が171万人増加した場合の実質GDPを算出。
ln(実質GDP)＝ln(生産性)＋労働分配率×ln(就業者数)＋資本分配率×ln(国の固定資産)

2——少子化時代における労働力人口減少という問題

少子化が進む日本では、2021年頃から労働力人口が減り始めている。つまり、そもそも労働力人口を増加させないと日本において将来の働き手は減るいっぽうなのだ。政府もこうした背景から女性活躍を推進する方針を打ち出しているが、これは単純に女性労働力人口を増やしていくことで働き手の減少をカバーできるため、さらに女性の労働力人口を増やすことで実質GDPへのインパクトがあるとの試算も出ているからである。

2040年にかけて、女性の労働力人口比率が男性の労働力人口比率まで上昇すると仮定した場合は、2040年時点で実質GDPは520兆円程度と試算される。今のままの労働力減少では実質GDPが480兆円を下回ってしまうが、女性の労働力人口比率を男性並みにすることによって、減少幅を約40兆円抑えることができる試算になる（図表15参照）。

つまり、日本経済の存続のためにも女性が働きやすい環境整備をして、男性との賃金格差をなくすことは国家にとって必須なのに、その改善がされないまま「女性活躍」という言葉だけが躍り、肝心の女性からの共感をまったく得られていないのが日本の現状である。

3――女性を増やすだけでは解決しない

「話がそう単純ではないのは、日本ならではの特徴があるからです」と下條さんと坪井さんは指摘する。後に掲げる図表17のデータをみると明らかなのだが、**単純に女性の労働力人口を増やしたからといって、生産性が上がるわけではない**というのだ。

「諸外国では、労働力人口の拡大と実質GDPの伸びには相関傾向が見られます。ただ、日本の状況は異なります。**なぜなら、女性の賃金が低いため労働力人口が拡大しても、GDPに与えるインパクトが小さい**のです。原因となっている男女賃金格差ですが、格差があることを普通としてはなりません。

具体的に見ていきます。女性が結婚や出産を機に一度離職し、育児が一段落したタイミングで再び働きだすことが多いという従来の日本の特徴を反映した『M字カーブ』は

女性活躍時の労働力人口の推移

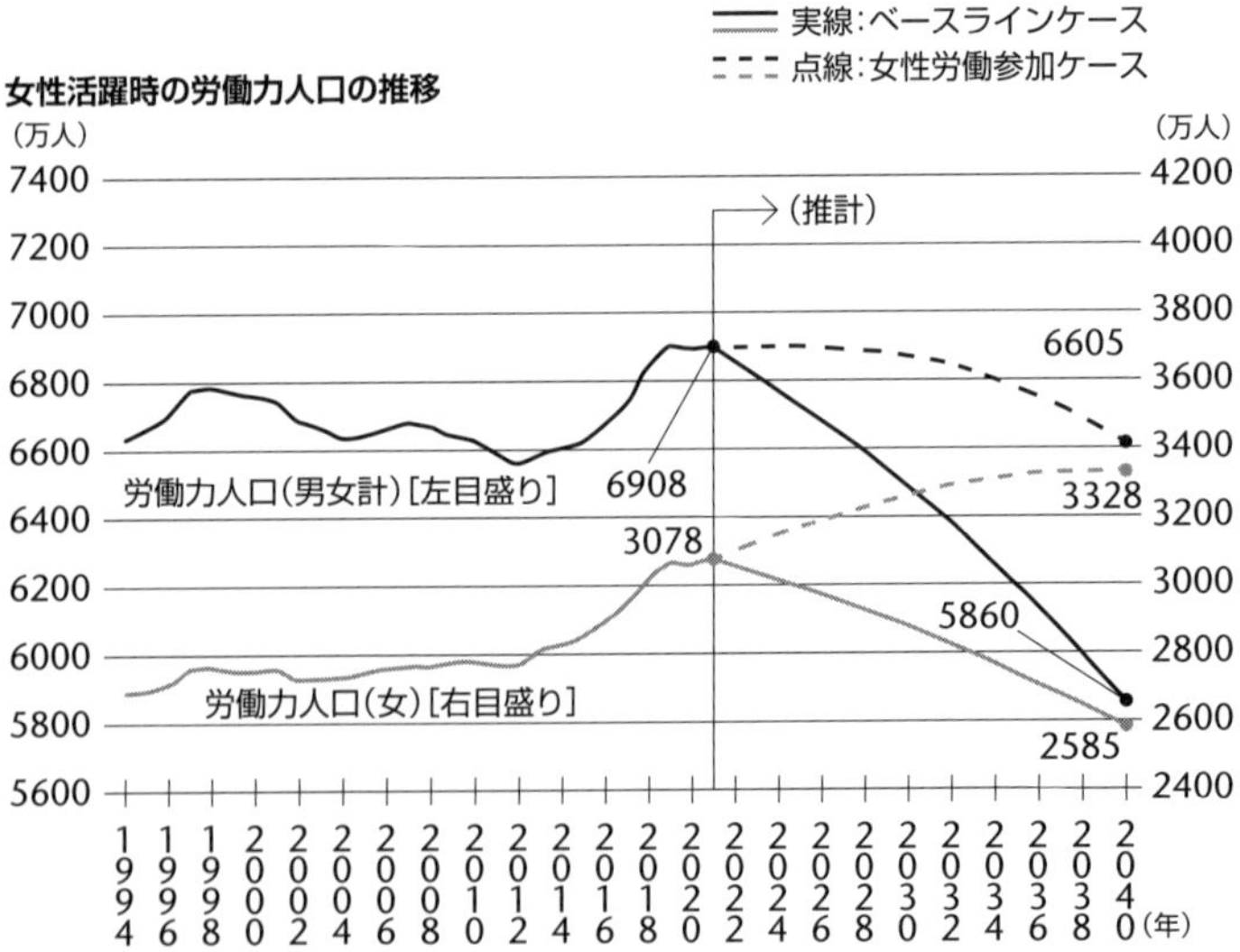

3.「女性労働参加ケース」では、厳密には、5歳年齢区分ごとの女性の労働力人口比率が、2040年にかけて、同年齢区分の男性の労働力人口比率に等しくなると仮定。従って、一部の年齢区分(15〜19歳、20〜24歳)では、女性の労働力人口比率は2040年にかけて減少。

解消傾向にあると言われています。出産・育児を経た後も、就業を継続する人が多くなってきたということです。

しかし、この『M字カーブ』の解消が、日本の経済成長に繋がったかというと、必ずしも繋がってはいません。理由としては、女性の一定数は労働参加をしてはいるものの、非正規雇用等が多いため、正社員として働き続ける場合と比較して、賃金が低いからです」

OECDによると男女間賃金格差は、男性所得の中央値に対

図表14 労働力人口の推移

男女別の労働力人口の推移(ベースライン)

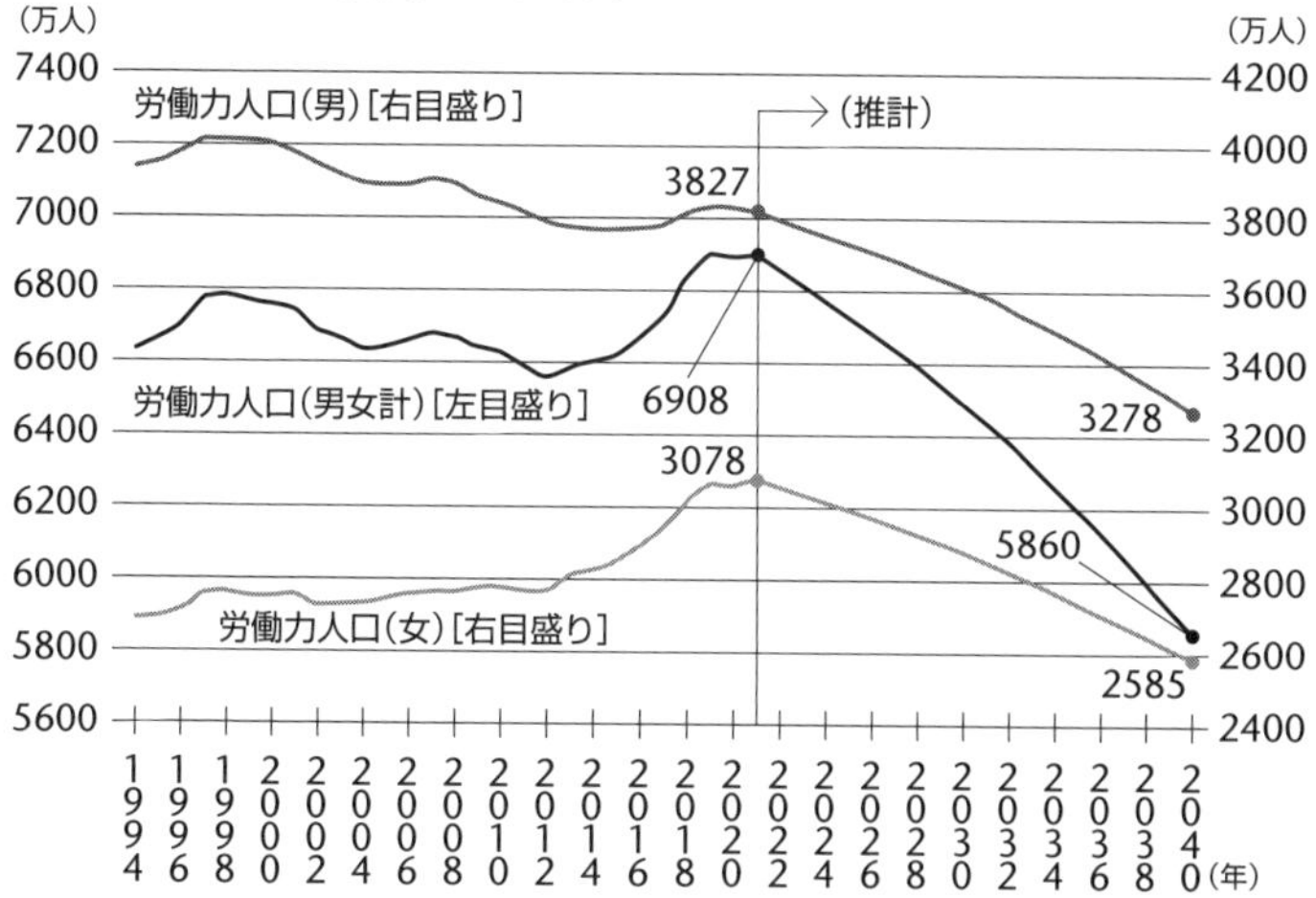

備考:1.総務省「労働力調査」、国立社会保障・人口問題研究所「日本の将来推計人口(平成29年推計)」より作成。

2.労働力人口の将来推計値は、男女それぞれについて、5歳年齢区分ごとに(15～19歳、20～24歳、25～29歳……)人口と労働力人口比率(2021年)を乗じることで、年齢区分ごとの労働力人口を計算し、それを足し上げることで全体の労働力人口を算出。

する、男性と女性の所得中央値の差と定義されている。日本のフルタイム労働者をみると、女性大学卒の年収は、男性高卒の年収とほぼ同じ水準とされている。２０２３年３月期から、有価証券報告書において男女賃金格差を開示することになり、格差解消に向けた各企業の対応は待ったなしのはずだ。

日本の男女賃金格差は韓国、イスラエル、ラトビアに次いで4位である（図表16参照）。このため、単純に女性の労働力人口を増やしても他国のように生産性が上がらないことがわかる。

図表15 将来の実質GDPの試算

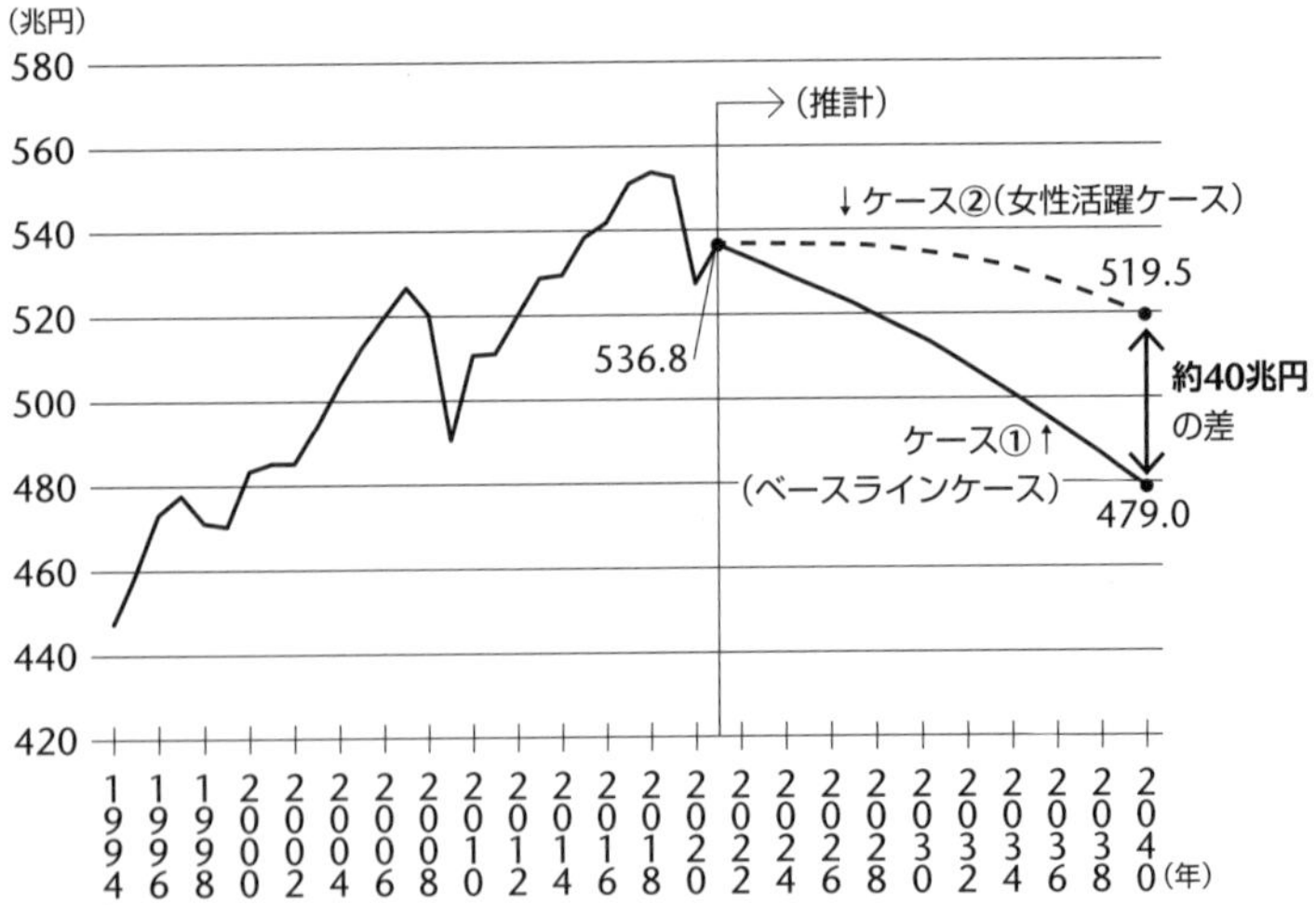

備考：**1.**総務省「労働力調査」、国立社会保障・人口問題研究所「日本の将来推計人口(平成29年推計)」、内閣府「国民経済計算」より作成。

2.将来の実質GDPの試算にあたっては、コブ=ダグラス型の生産関数を前提に、成長会計の手法を用いている。以下の式に基づき、生産性を推計した後、生産性と固定資産が一定と仮定し、推計した就業者数を代入することで実質GDPを算出。

ln(実質GDP)=ln(生産性)+労働分配率×ln(就業者数)+資本分配率×ln(国の固定資産)

3.2022年以降の就業者数については、5歳年齢区分ごとに(15〜19歳、20〜24歳、25〜29歳……)人口と就業率(2021年)を乗じることで、年齢区分ごとの就業者数を計算し、それを足し上げることで全体の就業者数を算出。

ケース①では人口が自然減することを想定(ベースラインケース)。

ケース②では女性の労働力人口比率が2040年までに男性並みに上昇することを想定(女性活躍ケース)。

ただし、女性管理職割合を増やすと生産性は上がる、と下條さんは指摘する。どういうことだろうか。

「68ページのグラフ（図表17）をみても明らかなように、管理的職業従事者における女性割合と生産性の間には正の相関関係があります。

管理職の給与が高いということはもちろん、女性管理職が増えることによって、女性と男性の賃金格差是正をはじめ、労働環境整備が進みます。ただ単純に、女性の労働力人口を増やせば良いわけではありません。女性が労働に見合う対価としての賃金を得て、消費活動をしていくことで生産性は上がっていきます。**意思決定層に女性を増やすことが、いかに日本の経済にとっても生産性を上げるためにも必要**なことか、データからも見て取れます」（下條さん・坪井さん）

女性管理職を増やすためには、正規雇用社員として経験を積んだ女性を増やすことが必要になるが、ここで向き合うべきは女性の就業希望者の中で少なからず非正規雇用を希望する人がいる現実である（図表18参照）。家事や子育てがある中で、責任のある仕事を引き受けきれない、あるいはある程度時間を自由に使える非正規の仕事の方が気も楽

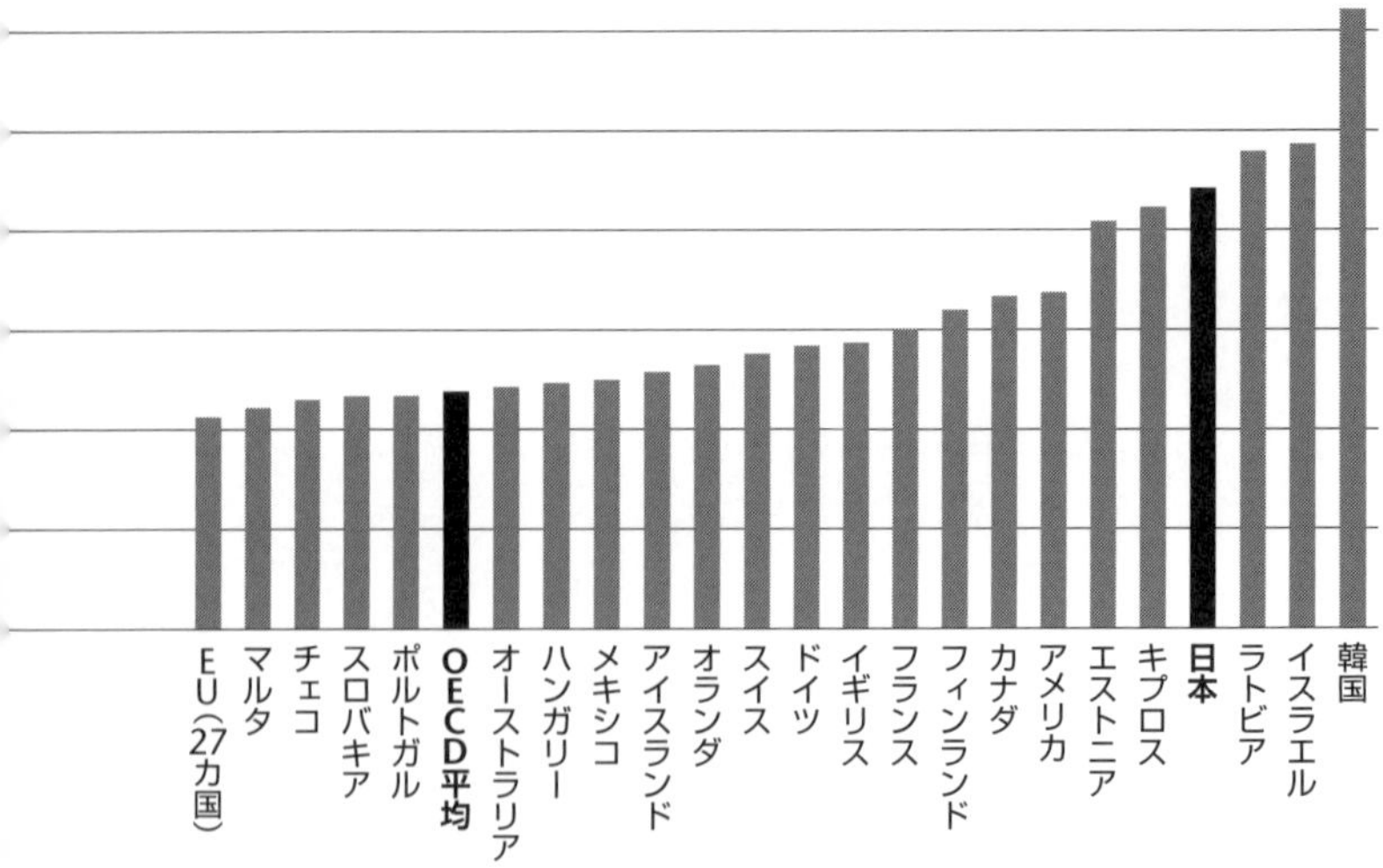

出典：OECD Gender wage gap、外務省「WAW! 2022コンセプトノート 男女間の賃金格差の是正」

であるなどの理由があり、それはもっともなことだと思う。そしてその背景には日本企業における長時間労働文化がある。

　さらに日本には「１０３万円の壁」と呼ばれる税金の仕組みがある。

　所得税が発生しない年収のラインを、基礎控除48万円と給与所得控除の最低額55万円を足した金額である１０３万円としているものだ。１年間の収入が１０３万円以下であれば、基礎控除と給与所得控除を引くとゼロになるため所得税は発生しない。この「１０３万円の壁」によって、収入の増加を敢えて避ける女性も少なくない。

　この問題は、最近国会でも議論が進ん

図表16 国ごとの男女別賃金格差

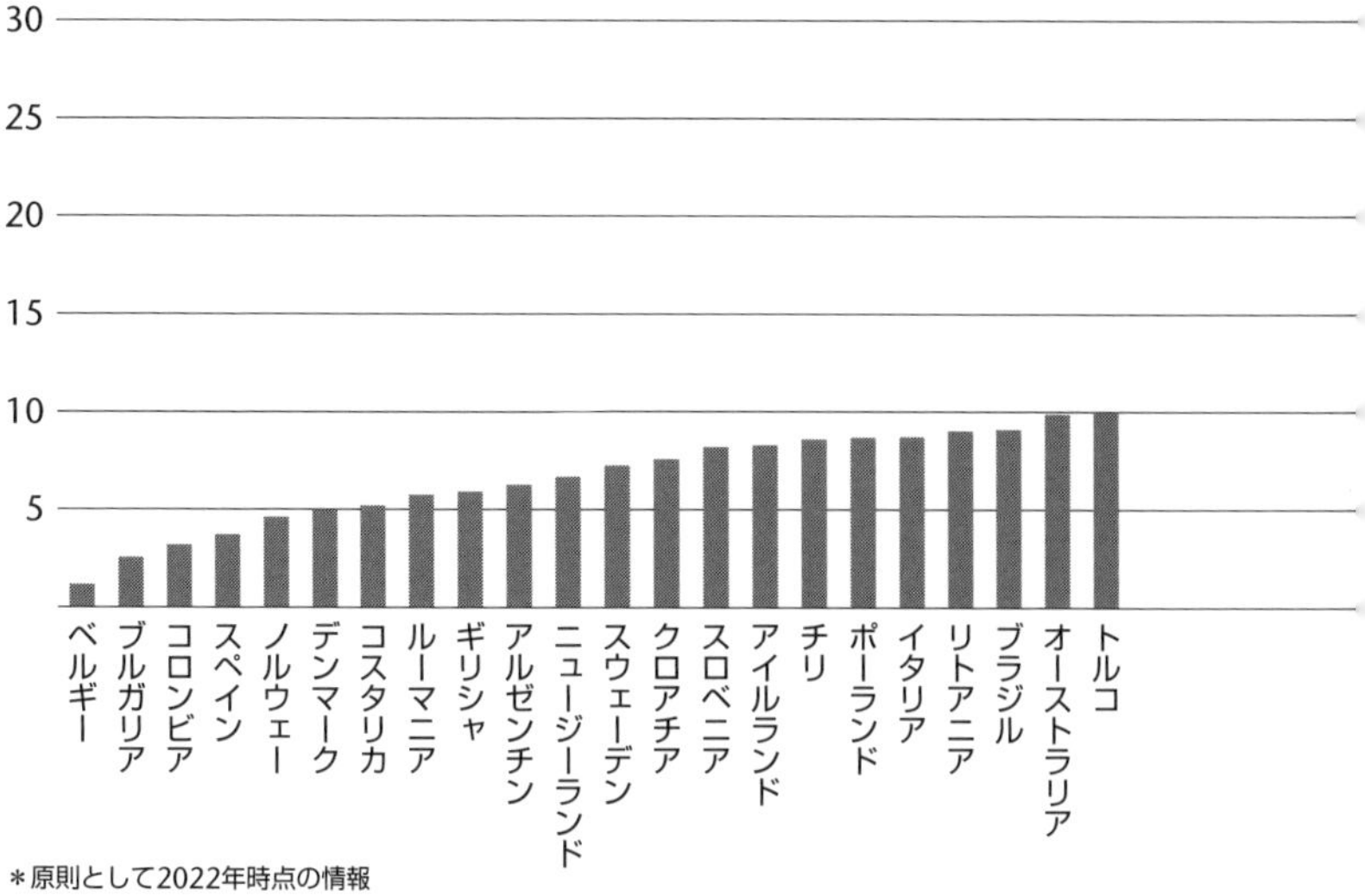

＊原則として2022年時点の情報

でいるが、意思決定層に女性を増やしていくためには、働き方改革のほか税制の整備も必要になる。

労働力人口減少に歯止めがかからない日本において、男性と賃金格差のない女性の労働力人口を増やすことは必須の策である。そのためには税のあり方もふくめて、政府と企業が一体となって現状を変えていく必要がある。

安定した雇用があり、正規雇用であっても出産・育児に支障が出ず、長時間労働を強いられないという労働環境を実現することが、企業にとっても、国の経済にとっても望ましいことに疑問の余地はない。そして、実際にこうした取り組み

図表17 生産性と女性の労働参加（国際比較）

全要素生産性と女性の労働力人口比率

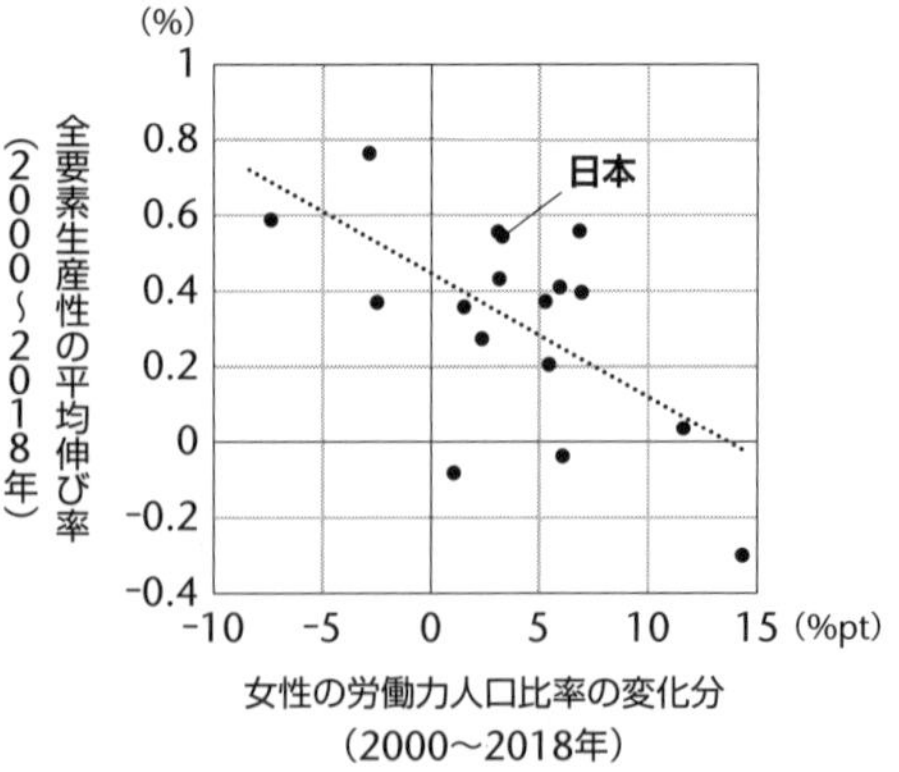

全要素生産性と管理的職業従事者の女性割合

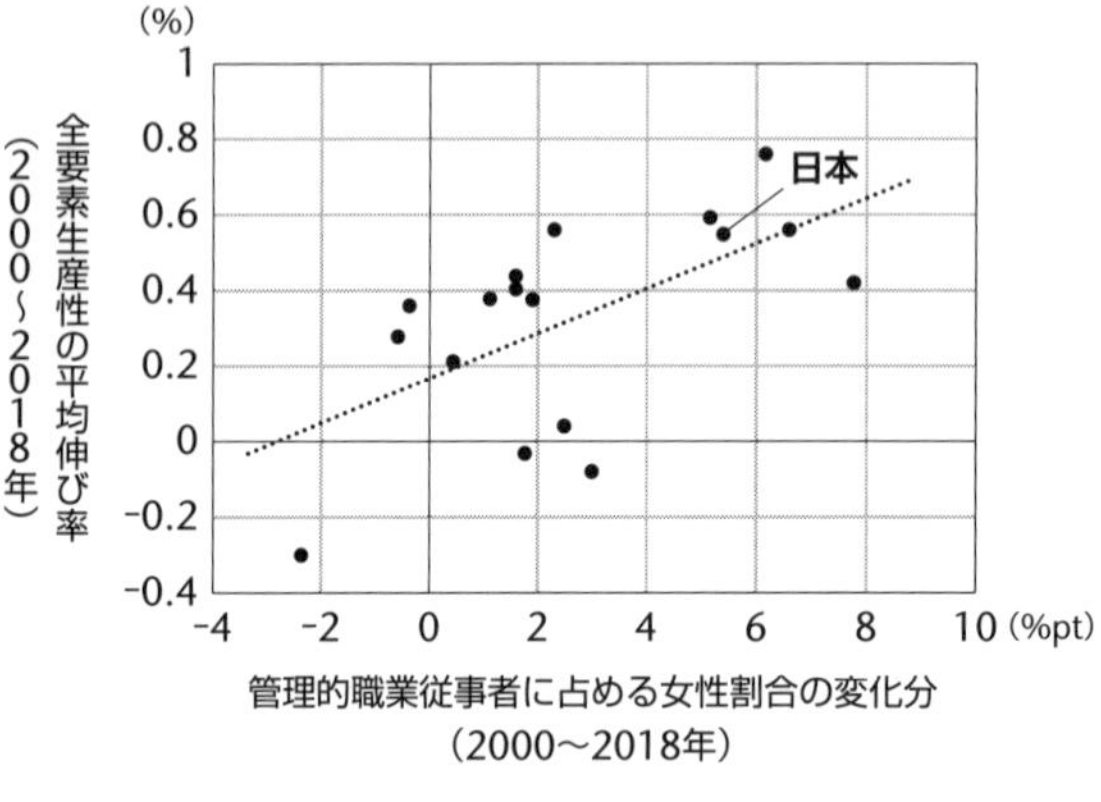

備考：**1.**総務省「労働力調査（基本集計）」、OECD.Stat、ILOSTATより作成。
2.現OECD加盟国のうち、チリ、コロンビア、コスタリカ、チェコ、エストニア、ハンガリー、アイスランド、アイルランド、イスラエル、ラトビア、リトアニア、メキシコ、ニュージーランド、ポーランド、スロバキア、スロベニア、トルコについては、全要素生産性または管理的職業従事者に占める女性割合のデータが取得できないため、サンプルから除いている。
また、ギリシャ、イタリア、韓国、ノルウェーについては、異常値としてサンプルから除いている。

図表18 今の就業形態を選んだ理由（複数回答形式）

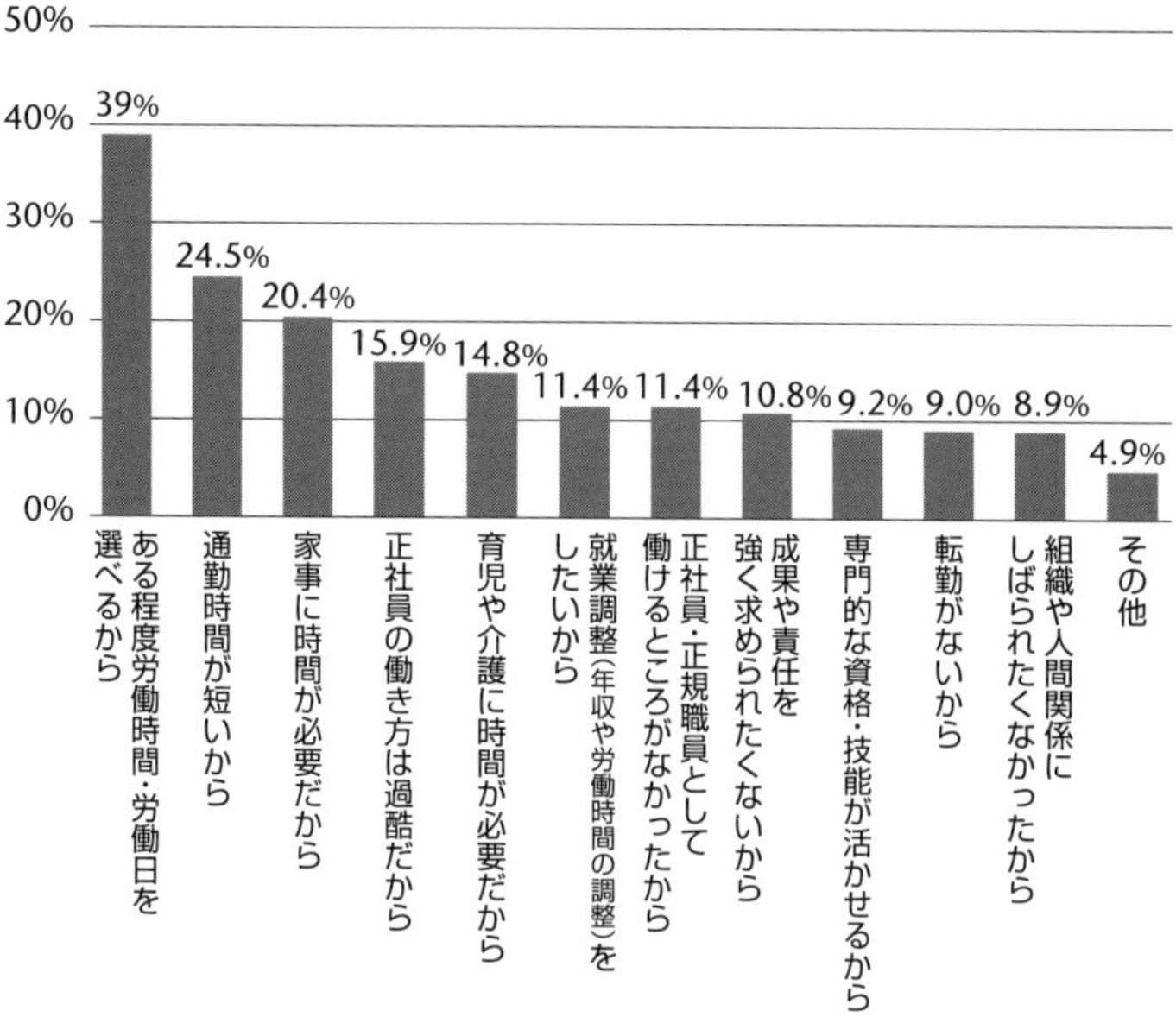

出典：連合「非正規雇用で働く女性に関する調査2022」

は始まっており、決して不可能ではないことを次にみていきたい。

3 女性が働きやすい職場は男性にとっても働きやすく、良い人材が集まる

少子化が進み、確実にこのままでは労働力人口が減少の一途を辿る日本の企業にとって、この先、継続的に良い人材をリクルートすることはどんどん難しくなってくる。また これまでのデータからも明らかなように、非正規の単純労働力として女性を低賃金で雇用し続けることは、国にとっても企業にとっても生産性アップには繋がらない。

1― 大手企業を中心にすでに改革は始まっている

女性の労働環境整備や働き方改革については、すでに大手企業を中心に始まっている。今、日本では、従来型の長時間労働を強いるのではなく、採用の際に職務内容を明確に定義して雇用契約を結び、労働時間ではなく職務や役割で評価する「ジョブ型」に移行しており、時間当たりのパフォーマンスに対して評価をする企業が増えてきている。

図表19 主要国の合計特殊出生率と女性就業率

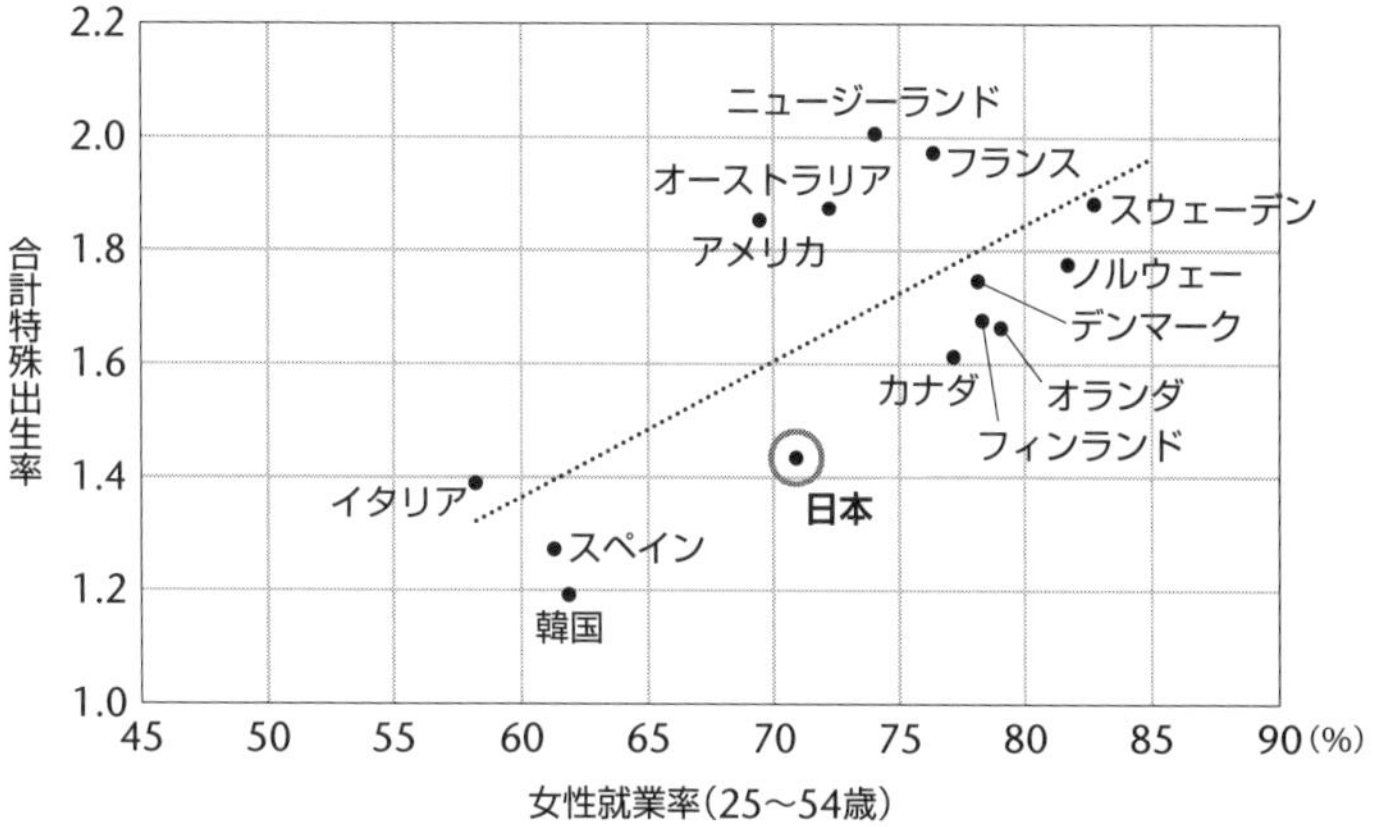

[注]カナダは2011年、その他は13年のデータ。
出典:OECD Family Database

産休・育休、時短勤務、有休をとりやすい職場づくりにも力を入れているため、女性だけではなく男性にとっても働きやすい労働環境に変わってきているのだ。

女性にしてみれば「せっかく仕事が軌道にのってきたのに、妊娠をしたら会社に迷惑をかけてしまう」「ここで出産をしてキャリアに穴を開けては、これまでやってきたことが報われない」といった思いから、子どもをつくるタイミングを遅らせたり避けたりする可能性がある。しかし会社が環境整備によって出産・育児に対してポジティブなメッセージを出せば、「休んでも迷惑ではない」という安心感を得られるため、長期に安定したキャリアを築いて会社に貢献できると感じ、安心して人生設計をたてることができる。

世界各国を比較したデータ（図表19）を見ると、女性就業率が高い国で合計特殊出生率の高いケースが多いことがわかる。**仕事によって出産が避けられるのではなく、子どもを産みづらい労働環境こそが少子化の一因**となっていることは明白である。

業種にもよるが、長時間労働が業績アップに繋がるという考えはもはや経営側の思考停止でしかないのではないか。長時間労働を評価軸にしている限り従業員のウェルビーイングには繋がらず、魅力的な人材は離れていくばかりである。デジタルトランスフォーメーションによって、女性社員のみならず男性社員にとっても働きやすく仕事効率の良い環境に変えることは、日本の重要課題である少子化対策としても欠かせないことなのだ。

2—なぜ世界各国と比較して日本の対応は遅れたのか

男性中心組織から脱して、意思決定層に女性を増やし多様性を持たせることによって、企業は利益率が上がり、危機回復能力も高くなり、投資を呼び込むことがわかった。

さらに、少子化による労働力人口の減少が止まらない日本にとって、男女の賃金格差、長時間労働を是正し、企業が出産・育児を応援する体制を整えて女性の安定した雇用を守ることは、日本経済にとっても必要不可欠であるとデータは示している。

これほどまでにやるべきことが明確に示されているにもかかわらず、日本では経済におけるジェンダー格差の放置によって、結果的に少子化を加速させ、さらなる労働力の減少を導くという負のスパイラルに陥っている。

1980年代、諸外国でも女性の就業率と出生率には明らかな負の相関が見られた。しかし、その後いち早く労働環境のジェンダー格差是正や、出産・育児支援、男性の育児休暇取得の整備などを推し進めた国が増加して、2005年には就業率の高い国において、同時に出生率も高くなる傾向となった（図表20参照）。ここから大きく取り残されたのが日本である。40年前は日本と同じ状況だった諸外国と日本の違いは何だったのだろうか。

「日本においては以前よりジェンダーギャップが問題視されており、多くの施策が実行されてきたものの、いまだ解消傾向にあるとは言い難い状況が続いています。それどころか、**1980年代初頭には日本と同水準だった諸外国は多くの取り組みで成果を上げており、ギャップを埋められなかった日本は世界から取り残される状況**となっています。

図表20 女性の就業率と合計特殊出生率

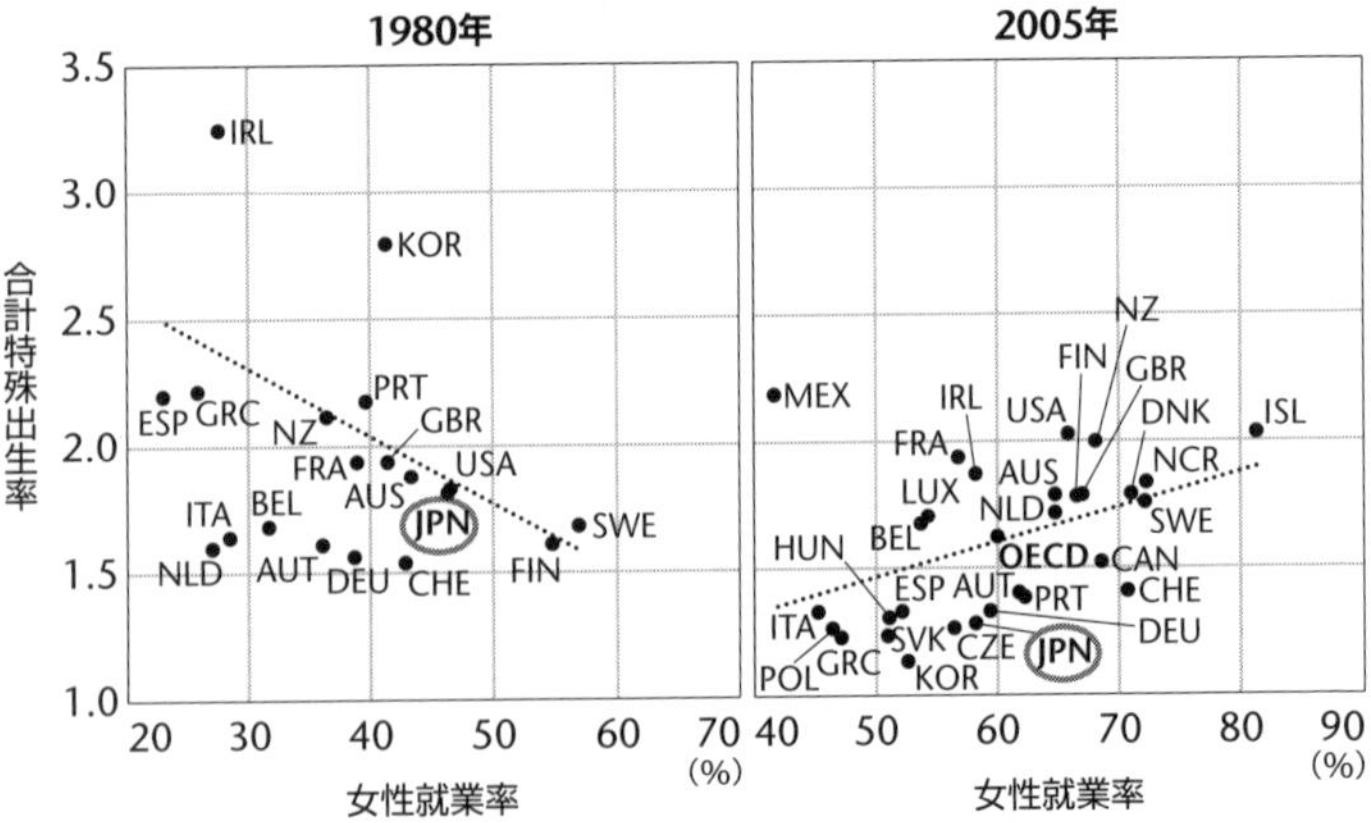

AUS	オーストラリア	AUT	オーストリア	BEL	ベルギー	CAN	カナダ
CHE	スイス	CZE	チェコ	DEU	ドイツ	DNK	デンマーク
ESP	スペイン	FIN	フィンランド	FRA	フランス	GBR	イギリス
GRC	ギリシャ	HUN	ハンガリー	IRL	アイルランド	ISL	アイスランド
ITA	イタリア	JPN	日本	KOR	韓国	LUX	ルクセンブルク
MEX	メキシコ	NCR	ノルウェー	NLD	オランダ	NZ	ニュージーランド
POL	ポーランド	PRT	ポルトガル	SVK	スロバキア	SWE	スウェーデン
USA	アメリカ						

出典:『国際比較:仕事と家族生活の両立 OECDベイビー&ボス総合報告書』OECD編著

この問題については、日本の女性たちが連帯して声を上げたり進めたりしていくだけでは解決できません。多様な人々が関与して、多くのシナリオを用意するアプローチを採ることが重要です。政策目標を定めて進めていった延長線上に将来はありますが、それは『積み上げ式』の考え方・アプローチになります」（下條さん・坪井さん）

たしかに、2003年に政府が「2020年までに

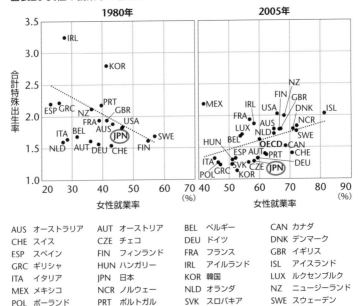

社会のあらゆる分野で指導的地位に女性が占める割合が30％になる〈２０２０３０〉」と、数値目標を掲げたものの、実際に２０２０年になってみたら達成できていないなど、日本は「積み上げ式」の結果、達成できない例が環境・エネルギーなど他の分野でも見られる。

「世の中は様々な外部環境要素や要因が複雑に絡み合って現状を生み出しています。そのため、課題を明らかにするには様々に絡み合う要素について、いかに全体を見通しながら読み解き、解決するためのシナリオを用意するかが重要です。

施策を実行しても期待したような効果が出ない場合は、同時進行で別のシナリオも動かしていくような軌道修正も必要になり、これは『積み上げ式』とは異なります。海外では同時に複数のシナリオを動かす手法を採る国が多いと感じます。

ここまで見た中でも、ジェンダーギャップを埋められない状況が影響するのは、子育て夫婦の働きにくさ、女性管理職数の少なさ、非正規労働者等を中心とする賃金格差の大きさなど様々です。全体を見通すというのは、それらがどのように影響しあって、どういう結果に結びついていくのかを見なくてはならないということです」（下條さん・坪井さん）

3――多様性を高めるために企業ができること

日本の経済界においてジェンダーギャップを解消するためのひとつのキーとなる〈女性管理職を増やすこと〉が、結果として危機管理や労働環境整備も含めて良い影響を企業にもたらすことはデータによってわかった。では、これから取り組みたいと考える経営者は何をすべきだろうか。

「女性登用におけるメリットについても、また女性管理職数向上のための施策についても、新しく斬新なアイデアや切り口はほとんどないと言って良いと思います。違う言い方をすると、長年にわたり、すでに多くの研究が行われてきたということです。

女性管理職を増やすための前提条件としては、育児・介護との両立を含め、様々な人材が継続して働きやすい職場環境を整備することですが、これらの両立支援を含む職場環境整備は近年大きく進んできています。

育児・介護休業法も改正が重ねられ、2021年6月の改正では、産後パパ育休制度など今まで以上に、男性の育児休業取得を促進する制度となっているのをはじめ、子どもを夫婦で育てるという観点からの男性育休取得などは、一部の企業では定着フェーズにあります。

また、日本は高度経済成長期の長時間労働勤務を常とする考え方からやっと抜け出し始めています。この機運とともに、**人事成果はアウトプットで測るというジョブ型制度への移行などが進んでいくと、女性のみならず時間に制約がある人たちの働きやすさが追求されていく**と思います。

また、均等支援の強化も非常に重要だと思います。女性管理職が増えない理由には、『彼女はきっとなりたがらないと思う』あるいは『わたしはなれる器ではない』という上司や本人も含めた思い込みがまだまだあります。**能力がある人材に対してマネジメント研修を積極的に受講させ、男女隔たりなく管理職に育てていくという考え方を一般的なものにしていく必要**があります。

女性登用に関わる問題は、これまでは女性同士の横連携・縦連携を強くして解決していこうとする風潮がありましたが、それだけでは上手くいきません。**圧倒的に上位層に男性が多い日本社会においては、縦連携に男性を巻き込む必要**があります。メンター制度のメンターを男性にすることで、積極的に女性の管理職登用を進めていくことも良い方法です」（下條さん・坪井さん）

まだ手つかずの企業経営者の皆さんは、ぜひ参考にしてほしい。

それにしても、下條さんと坪井さんのお話を伺っていると、経済におけるジェンダーギャップの解消には企業努力はもちろんのこと、目標設定と課題解決のプロセスにおいて、いかに国としての動き、つまり政治のリーダーシップが大きな役割を担っているかを改めて痛感する。日本経済にとって意思決定層における多様性と女性の労働力がどれほど重要であるかは多くのデータによって幾度となく明らかにされている。改善すべき点や方法も明らかだ。

それにもかかわらず、ジェンダーギャップ解消について日本が効果的な対策をうてず、他の先進国と比較して著しく遅れていることは、政治において衆議院の9割が男性議員というこれまた「同質的組織」であることが要因のひとつなのではないだろうか。これについて第3章、第4章で具体的に見ていきたい。

第3章

データが明かす女性の政治参画がもたらすポジティブ・インパクト

三バン（地盤・カバン・看板）を持たない女性の支援を始めた村上財団

ＰｗＣコンサルティングとともに【政治分野における女性のさらなる活躍に向けて】と題して、女性が政治参画するとどのようなメリットがあるのかをデータ化したのが村上財団である。

村上財団は、日本の社会的課題解決に取り組む非営利団体に使途を指定した寄付や助成を通じて、より多くの支援が継続的に届くための活動をしている。その支援先は、自然災害被災者、コロナ禍による社会課題解決、子どもの貧困問題など多岐にわたる。

２０２２年には、政治家を志す10代～30代の女性をサポートする「パブリックリーダー塾」をスタートして、日本の社会課題に正面から取り組む志を持った女性たちに対して、経済的支援や実践的な教育機会をサポートしている。

代表理事の村上玲さんは、学生時代から子どもの貧困問題に取り組むＮＰＯ法人への支援活動を続けてきた。認定ＮＰＯ法人「フローレンス」による障害児保育園と医療ケアシッターの支援、さらに認定ＮＰＯ法人「Ｄ×Ｐ」によるＬＩＮＥ＠進路相談事業拡大における運営費支援など、貧困や障害を抱える子どもたちを支える活動を通して、**社会のセーフティネットに穴が開いた状況を改善するために、ＮＰＯ法人自らが政策提言をして法制化に繋げようとしている**のを知った。制度的欠陥を是正する法案作成には国会議員の協力が必要になる。そして、その際に**提言を受けて法案化に向けて伴走してくれるのは、ほとんどが女性国会議員だった**のだ。

教育や子育てなど「生活」に強い関心を向けて行動してくれる議員に女性が多いのであれば、多様な社会課題を解決していくためにも、もっと多くの女性議員が必要であると村上さんは痛感した。そこで村上財団として、選挙に勝つために必要だと言われる「地盤・カバン（金）・看板（肩書き）」の「三バン」を持たない女性にも立候補しやすいプラットフォームをつくろうと「パブリックリーダー塾」を発足したのである。

１回目の公募では定員20名の枠に２００人近くの応募があり、改めて「政治家になりたい女性が少ない」のではなく、「支援や後押しがあれば議員になりたい女性はたくさんいる」と確認できた。筆者も「パブリックリーダー塾」の塾生を選抜する審査員として参加したのだが、商社、官僚、学校の先生、起業家、障害のあるお子さんを育てるお母さんなど、実に多様なバックグラウンドを持つ女性たちが、それぞれの原体験から社会課題解決のための政策案を考えていて、その情熱と説得力に圧倒された。**「女性は政治をやりたがらない」という言説はまったくの誤り**であり、支援や協力さえあれば政治参画をしたい若い女性がたくさんいると私自身も実感できた。

財団として今後塾生への支援を継続してゆくためにも、女性政治家が増えることによる社会全体へのメリットを検証し、具体的で客観的な裏付けをすることが必要なのではないか。村上さんはＰｗＣコンサルティングに相談して【政治分野における女性のさらなる活躍に向けて】と題するレポート*を作成した。国会図書館におけるデータ収集、さらに６名の女性政治家・出馬経験者にヒアリングを行い、データと実体験から得られた情報をもとにまとめられたレポートの一部を、村上財団、ＰｗＣコンサルティングのご協力を得て本章でご紹介していきたい。

【政治分野における女性のさらなる活躍に向けて】の内容は以下のとおりである。

第１章：女性の政治参画における動向
第２章：女性の政治参画を阻む原因・理由
第３章：女性の政治参画が進むことで生まれるポジティブインパクト
第４章：女性議員によりもたらされた実績

第5章：女性政治家比率が高い諸外国の分析
第6章：示唆・提言

冒頭で、日本における女性政治参画の歴史を辿ることによって、なぜ海外に比べて日本で圧倒的に女性の参画が遅れたのかを検証。次に女性議員が増えればどのような社会的メリットがあるのか、数々の事例とともにそのポジティブ・インパクトを分析している。さらに、諸外国がどのように女性議員を増やしていったのか各国の事例を紹介し、今後日本がとるべき道筋について提言している。

レポートは無料公開されているので詳細はぜひそちらを読んでいただきたいが、レポートの中で私が注目した第3章、第4章、第5章のポイントをご紹介したい。

＊レポート……「政治分野における女性のさらなる活躍に向けて～日本の社会がより強く、優しく、しなやかであるように～」
https://www.pwc.com/jp/ja/knowledge/thoughtleadership/2022/assets/pdf/women-in-politics.pdf

男性と女性は政策選好が異なる傾向がある

レポートの第3章、第4章では、政治の場に女性議員が増えることによって、どのようなポジティブ・インパクトがあるかを検証している。

まず第3章では、既存の複数の調査研究からわかったこととして、**「男女では政策選好が異なる傾向にあり、議論の場に女性が参加する、すなわち議会の構成員に多様性があることは、多様な政策立案につながる」**としている。

データによると、**女性国会議員は国会審議において、「雇用・就職」「震災復興・防災」「教育・子育て」といった有権者にとって身近な政策争点について高い頻度で言及**していることがわかる。一方、**男性議員は「景気対策」「外交・安全保障」「産業政策」を重視する傾向**にある（資料1参照）。

このレポートで印象的なのは、女性議員の増加によっておきる「偏りのある影響」についても触れている点である。「女性議員の増加は、福祉関連政策、環境、教育などの支出を増大させる可能性」があり、また「防衛費や農業・企業等への補助金の削減圧力の傾向があり、結果的に支出削減もあるという」側面もある。利害関係者にはたまったものではないであろう。筆者自身もある女性議員から「既得権益を持たないことで、扱いづらいと言われたり、厄介がられたりするんですよね」と聞いたことがある。地盤・カバン・看板がなく、既得権益に繋がらないから女性議員を増やそうとしないのかと邪推したくもなるが、現実として**国会において男性議員が圧倒的多数であるために、子育て、教育などの分野に予算が配分されづらい状況が継続している**のが今の日本である。

この分析で筆者がなるほどと興味を持ったのは、Kendall D.Funk らによる検証*である。女性議員が増えれば、社会福祉、医療、家族手当などの女性にとって重要とされる分野への支出を増加させ、防衛費などの支出を抑制する傾向があるとしたうえで、**「女性議員比率が約30%に達するまでは防衛費は減少するが、これより高くなった場合には影響がなくなる」**と指摘している部分だ。

30%を超えると、それだけ女性議員の中にも様々な考えを持った議員が増えてくると

*Kendall D.Funk らによる検証……Kendall D.Funk et al.,"Point break : using machine learning to uncover a critical mass in women's representation," Political Science Research and Methods, Volume 10, Issue 2 (2022)

影響	既存の調査結果などの例
政策立案のプロセス	米国の州議会について、女性議員の方が男性議員よりも法案提出件数や法律成立件数が多いこと、女性議員比率が高い議会ほど、法案提出件数や法律成立件数が多い傾向にある。
	出所：National Women's Law Center, "Women's Political Representation and Legislative Achievements：How Women Are Changing State Legislatures"(2020)
	女性議員が増えれば育児や就労など女性の視点に立った政策が進められるようになるほか、男性議員の競争が激しくなり、結果として議員の質が向上する。
	出所：NHK解説記事「縮まらない男女格差 女性の政治参加を」『くらし☆解説』(2020) ――三浦まり氏の発言
社会への効果	新型コロナウイルスに対する各国の対策を見ていても、女性がリーダーになっている国は比較的成功していると評価されている。生活者目線で政治を見られるということも大きいが、女性には、政治というものを一定の人に独占させず、どんどん開いてシェアしていく力があると考えられる。
	出所：日経xwoman「未来の医療崩壊は大丈夫？ 都立病院が『民営化』の方針」(2020)
	議員が妊娠や出産を理由に国会を欠席するのをためらうことのないよう、出産前後の議員への支援整備に努めることが与野党で申し合わせられた。出産・育児・病気・介護等の理由で、仕事を休まざるを得ない時期は、男女関係なく、どんな人にも訪れることから、現場では、これらのライフイベントを「女性議員」だけのものとしてではなく、「全ての議員」が自分事としてとらえ、意識を高められるよう、議会改革も進めていきたい。
	出所：日経xwoman「ジェンダーギャップ過去最低の日本 若手女性議員の意見」(2019) ――牧島かれん氏の発言
周囲への影響	クオータ制の導入により、女性議員比率を引き上げることで、ジェンダーの公平性の実現のみならず、Jha, Sarangi（2018）の分析結果が示唆する政治の透明性や政府への信頼度の向上という正の外部性が期待できる。
	出所：大和総研・柿沼英理子「ジェンダー多様性がもたらす正の外部性とは なぜ女性首脳が率いる国は新型コロナウイルス対応の評価が高いのか」(2020)

出典：各種資料よりPwC作成

資料1 女性が政治に参画することによる影響の既存調査結果例

影響	既存の調査結果などの例
政策化するテーマの種類	女性議員比率が10%増えると、夫婦間のレイプ、DV、およびセクハラに関して全面的な防止法が施行される可能性が10%高まる。日本では、1990年代に女性国会議員の尽力により男女雇用機会均等法やDV防止法などの女性政策推進の立法が進んだ。 出所：朝日新聞出版・三浦まり『日本の女性議員どうすれば増えるのか』(2016)
	男女の候補者の政策選好に違いがあり、女性国会議員は、国会審議において、女性に関する政策課題のほか、教育、介護、家族といった有権者にとって身近な政策争点について高い頻度で言及している。 出所：尾野嘉邦「国政レベルにおける女性政治家の行動　政治家の性別は政策選択と政治活動に差異をもたらしているか」『法学』79巻4号(2015)
	男性議員と女性議員では、政策選好が異なることがわかっており（Lovenduski and Norris 2003; Inter-Parliamentary Union 2008)、日本においても男性国会議員が「景気対策」「外交・安全保障」「産業政策」を重視する傾向にあるのに対して、女性国会議員は「雇用・就職」「震災復興・防災」「教育・子育て」などを重視する傾向にあることが知られている。 出所：連合総研『月刊DIO』特集5・大倉沙江「誰が候補者になるのか？ ジェンダー平等や多様な社会の実現に関わる政策の前進に向けて」(2022)
	女性議員の増加は、福祉関連政策、環境、教育などの支出を増大させる可能性が大きいが、ジェンダーギャップをはじめとする社会の負の部分を是正しようとする力は男性より強く働くとされている。また、同時に、防衛費や農業・企業等への補助金の削減圧力の傾向があり、結果的に支出削減もあるという二つの側面がある。 出所：公益財団法人　日本国際交流センター「2022年日米女性リーダーズ・ダイアローグ」(2022)
	女性議員の増加が政府支出に影響を与え、社会福祉、医療、家族手当などの女性にとって重要とされる分野への支出を増加させる一方、防衛費のような男性にとって重要とされる分野への支出を抑制するというこれまでの研究を紹介したうえで、女性議員比率と政府支出の影響を分析。女性議員比率が20～41%の場合に教育支出にプラスの効果を及ぼし、15～35%の場合に医療支出にプラスの効果を及ぼす。女性議員比率が約30%に達するまでは防衛費は減少するが、これより高くなった場合には影響がなくなる。 出所：Kendall D.Funk et al., "Point break：using machine learning to uncover a critical mass in women's representation," Political Science Research and Methods, Volume 10, Issue 2（2022）

いうことなのか、防衛費の削減も抑えられて政策バランスが生まれてくる。女性議員比率30%というのが、女性が「特別で象徴的な存在」から「男性と変わらない議員」として政治文化を形成するクリティカル・マス*であると言えるかもしれない。

なお、アメリカの州議会においては、女性議員の方が男性議員よりも法案提出件数、法律成立件数がいずれも多いという調査結果もあった（出典4）。女性議員比率の高い議会ほど同様に法案提出件数、成立件数が多い傾向にある。日本でも女性議員が増えれば、より生活に密着した多様な視点、当事者としての視点が加わり、社会課題の裾野が広がるだろう。

女性議員だからこそ成立する法律がある

法律の中には女性議員が尽力したからこそ成立したものがある。レポートの第4章において、村上財団とPwCコンサルティングはおもに3つの法律をあげて検証している。

1：配偶者からの暴力の防止及び被害者の保護等に関する法律（DV防止法）（2001年

施行）

配偶者からの暴力の防止及び被害者の保護等に関する法律（DV防止法）は、超党派の女性議員たちが推し進めた議員立法として制定された法律だ。１９９０年代後半、女性に対する暴力の問題が国際的に問題となり、日本でも20人に1人が命に関わる暴力を家庭の中で受けていることが明らかとなった。その後、各会派から構成された「女性に対する暴力に関するプロジェクトチーム」が設置され、そこで女性議員が議論して練り上げた内容を、各政党にフィードバックして了承を取り付け、法案を策定する流れが生まれたことが法律制定の大きな成因となった。

ここで興味深いのは、当初「女性への暴力」のみに焦点を当てていたが、参加女性議員から「男性が女性から暴力を受ける」場合も対象となるという意見があり、「配偶者からの暴力防止」という名前になって２００１年に法律が施行されたことだ。**女性へのDVについて女性議員が審議することにより、男性議員からは指摘のなかった「男性へ**

＊クリティカル・マス……集団の中で存在を無視できないグループになるための人数を超えたグループ

のDV」についても法律化されたことは大事なポイントだと考える。

2：刑法の性犯罪に関する規定の大幅な改正（2017年）

刑法は女性の参政権がなかった110年前に制定され、男性有権者だけで選ばれた議員によって作られた法律であり、女性の声が反映されていなかった。

2014年に松島みどり法務大臣（当時）が「強姦罪が強盗罪より刑罰が軽いのはおかしい」と発言。その後、法務省に「性犯罪の罰則に関する検討会」が設置され、森まさこ議員、上川陽子議員をはじめとした女性議員、一般社団法人 Spring の前身となる性被害当事者、各団体の尽力によって以下のような改正が行われた。

⑴強姦罪→強制性交等罪
名称が変更になり、これまで被害者を女性に限っていたが性別を問わないことに
⑵厳罰化
強姦罪の法定刑を懲役3年以上→5年以上に引き上げ
⑶非親告罪化

被害者の告訴がなくても起訴が可能に（従来は被害者の告訴がないと起訴できない親告罪）

(4)監護者による子どもへの性的虐待を処罰

18歳未満の人に対して、親などの監督・保護する立場の人がわいせつな行為をした場合、暴行や脅迫がなくても処罰されることに

この法律については、2023年6月に6年ぶりの改正案が成立した。公訴時効の5年延長や、配偶者間で不同意性交等が成立することの明確化、今の「強制性交等罪」と「準強制性交等罪」を統合して罪名を「不同意性交等罪」とし、同意がない性行為は犯罪になり得ることを明確化するなど、17年の改正に並ぶ大幅な改正となった。

今回の改正にも5年後見直しの可能性の附則がつき、公訴時効のさらなる延長や年齢差要件の見直しなど課題はまだ残っている。しかし、これらの法律改正によって、明治時代以来定められていなかった「男性への性犯罪」について、女性議員の視点が入ることで罪が問えるようになった点には注目したい。

3：税制改正（2019年）

2019年末に改正された税制によって、子どもの有無に関係なく配偶者と離婚・死別した人の所得税を軽減する「寡婦控除」と同等に、ひとり親の所得税を軽減する「ひとり親控除」が創設された。自民党内の女性議員で作る議員連盟「女性議員飛躍の会」（代表：稲田朋美氏）のメンバーが中心となり、総理大臣官邸で菅官房長官（当時）に対して、未婚のひとり親にも、児童扶養手当を受けているかどうかにかかわらず寡婦控除を適用するように求めたものである。

村上玲さんによると、当初男性議員からは「結婚しないで子どもを産むような女性を助けることはない」という時代錯誤で一方的な視点の意見が出ていたそうだ。それに対して女性議員たちが忍耐強くシングルマザーの置かれた様々な状況や経済困窮の実情を説明して、未婚にも「等しく」「公平」な税制上の支援策になるよう説得。自民、公明両党の税制調査会は当初対象から外そうとしていた未婚のひとり親に対して、寡婦控除と同等の税制優遇制度を創設することで一致にいたったという。

「これらの法律は、いずれも一人の女性議員によるものではなく、複数の女性議員が集まって推進したことによる実績なのがひとつの特徴と言えます。実際に、今回2022

年9月から10月にかけて女性政治家・出馬経験者等にヒアリングを行った中でも、女性議員の横の連携、つまり政党を超えた連携が重要であるという声が多く聞かれました。女性同士が横連携による活動を展開することで、男性目線では見えなかった課題に気付いて解決への道筋を見つけることができると考えられます」(村上さん)

男性議員に比べて女性議員は人数が少ないこともあるだろう。筆者が事務局長をしている「クオータ制を実現するための勉強会」でも感じるが、女性議員は党を超えて横連携で法案化を推し進めるケースが多い。

また、女性を守るための法律改正の過程において、これまで対象から外れていた「男性のDV被害者」「男性の性犯罪被害者」が含まれたことも印象的である。

これらの3つの重要な法律は女性議員がいなければ成立が困難だったことを考えてみても、女性の政治参画が男女問わず、日本の社会にとっていかに大切かがわかる。選択的夫婦別姓、処方箋なしで購入可能な緊急避妊薬(一定の要件を満たす薬局で試験的販売開始)など諸外国ではすでに法的に認められているのに、日本にはない法律はまだまだある。2023年4月「経口中絶薬」について、厚生労働省の専門家による分科会は国内で初めて承認することを了承したが、高額であることなど、まだ課題は山積している。そして現状、これらの課題について法案化を進めようとしている中心は女性議員たちだ。

「バイアグラは認可に半年、低用量ピルは34年」というのは元参院議員・円《まどか》より子さんの言葉だが、他にも薄毛・抜け毛など男性特有の薬品はあっという間に認可されるのに、女性の身体に関する法案にはやたらと時間がかかり、優先順位も低くなるのが今の国会である。

諸外国はどのように女性議員比率を増やしたのか

レポートの第5章では、1980年代には、スウェーデンを除く諸外国と日本の国会議員に占める女性の割合は同程度だったのに、その後、日本以外の諸外国では国会議員に占める女性の割合が増加していった経緯について検証をしている（資料2参照）。なぜ、日本だけがほぼ横ばいの推移なのだろうか。レポートでは、クオータ制を導入している国のほか、クオータ制を導入していないにもかかわらず、導入している国と同程度以上の女性議員比率を達成している国を3カ国ピックアップしている。

また、クオータ制がある国の中でも、カナダは小選挙区制と議院内閣制を採っていることから、日本と類似した選挙制度として参考になるものと考え、分析対象としている。

資料2 諸外国の国会議員に占める女性の割合の推移

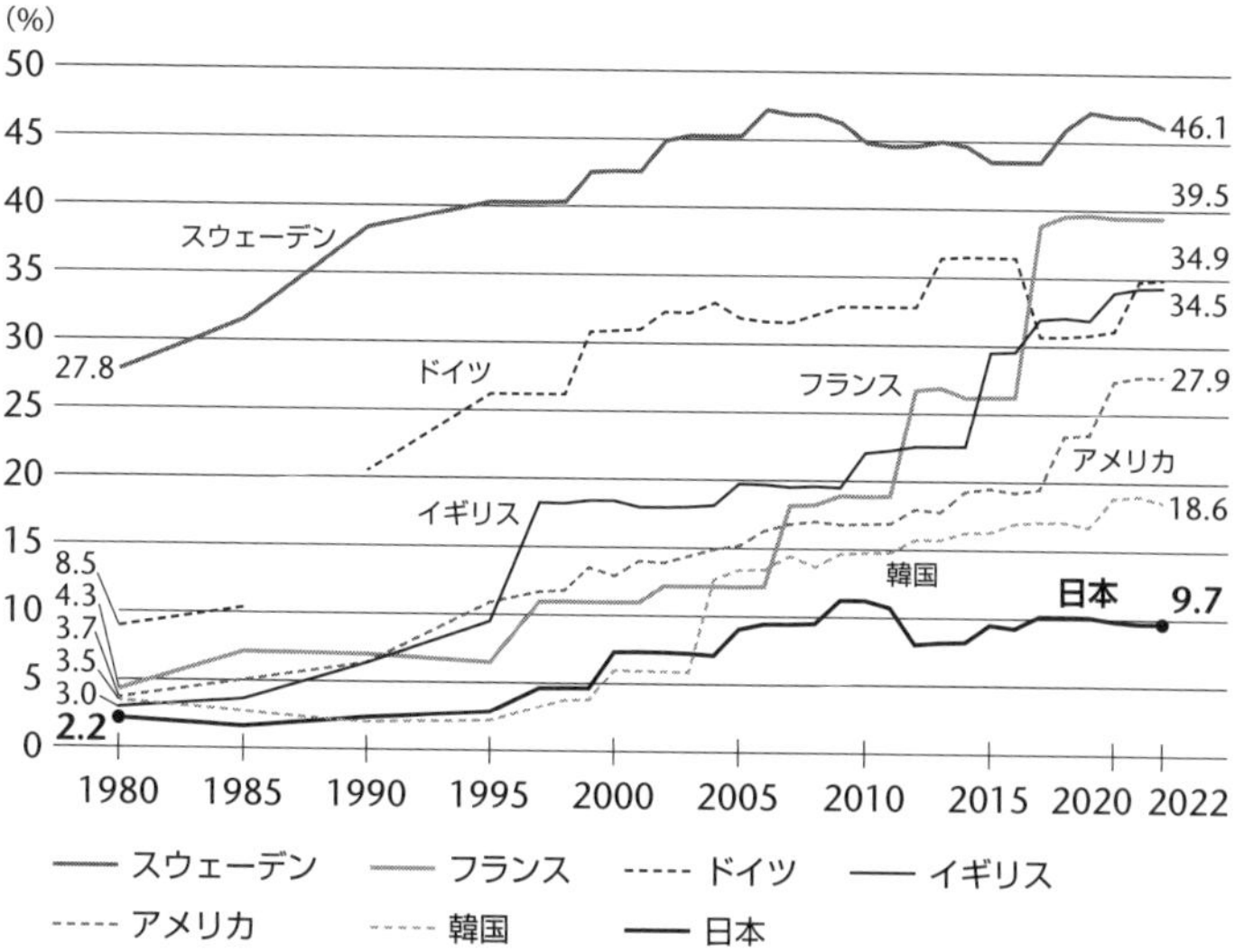

備考：**1.**IPU資料（Monthly ranking of women in national parliaments）より作成。
調査対象国は2022年3月現在189カ国。1980年から1995年までは5年ごと、1997年以降は毎年の数字。
各年12月現在（1998年は8月現在、2022年は3月現在）。
2.下院または一院制議会における女性議員割合（日本は衆議院における女性議員割合）。
3.ドイツは1985年までは、西ドイツの数字。
出所：内閣府「令和4年版男女共同参画白書」よりPwC作成

これらの国の取り組みを分析した結果、「クオータ制がある国」においては、法制度、政党、議会、市民団体などにおいて、女性の政治参画や女性議員の活躍を後押ししていることが明らかとなった。

【フランス】

パリテ法を整備し、女男平等高等評議会によってパリテの監視が行われている。パリテ法とは、男女平等（同数）の政治参画を規定しているフランスの法律の通称。選挙の候補者を男女同数にすること、候補者名簿を男女交互に記載することなどを政党に義務付けており、違反した名簿は不受理となる。２０００年6月制定。パリテは、フランス語で「同等・同一」という意味。社会のあらゆる意思決定の場に男女が平等にかかわることを目的にしている。

【英国】
労働党が予備選挙の最終候補者を女性に限定する制度を持つ。

【韓国】
議会に女性議員のネットワークがある。

【カナダ】
女性候補者への政治教育や、超党派の取り組みを支援するイコール・ボイス（Equal Voice）という市民団体を設置している。

一方、「クオータ制がない国」については、それぞれ個別の背景が見られる。

［アメリカ］

クオータ制に頼らずに女性議員の割合が増加している。その要因としては、女性の政治参加や養成の支援に特化した団体やプログラムが多く設立されたことが挙げられる。特に、多くの団体が政界に進出する女性たちを支援するだけではなく、人種および民族の多様性をはじめとする多様化に焦点を当てている点が特徴。

［フィンランド］

女性の選挙権、被選挙権の導入が１９０６年と日本よりも40年以上早かったことが、女性議員の割合が高い背景のひとつ。また、社会保障制度を整備・充実させたことで女性が社会に進出しやすくなり、男女による性別役割分担意識が固定されず、女性が各分野に進出した歴史がある。

さらに、フィンランドの地方政治では、政治家への報酬があまり高くないことから、別の職業と兼業している人も多く見られるのが特徴だ。自身が住んでいる地域をより良くするために政治家を志す人も多く、「誰もが政治家になりやすい」風土がある。そのほか、国民と政治の距離を縮める取り組みが学生時代から行われていることも特徴的。

その結果、女性国会議員が全員所属する「女性議員ネットワーク」が国会で作られ、党派を超えて議論を行い、制度改正にも繋がっている。

【デンマーク】

１９１５年に女性に参政権が与えられていたことから、１９１８年には初の女性議員が選出され、１９２４年には初の女性閣僚が就任するなど、フィンランドと同様、早期から女性が政治分野で活躍をしていた。女性が政治分野で活躍していた理由としては、デンマークもフィンランドも政党内の女性団体ならびに女性運動一般による持続的な働きかけがあることなどに起因するものと考えられる。

以上のように、クオータ制の有無にかかわらず、これらの国々では、政党や議会、市民団体の熱心な取り組みや活動によって、女性の政治参画が盛んになっていったことがわかる。

【政治分野における女性のさらなる活躍に向けて】は、日本において女性議員が増えることによるメリットを具体的な事例やデータとともにわかりやすくまとめたものである。

このテーマについて強い関心のない方や、政治は男性がやるべきものだと考えている方にもぜひご一読いただきたい。

　衆議院の9割が男性議員である日本において、女性議員の数を増やすことは女性のためだけではなく、様々な環境にある男性にとっても生きやすい社会、より多様な社会課題の解決に繋がるものであるとご理解いただけるのではないだろうか。

　なぜ先進国の中でも日本だけ女性国会議員が増えないのか。そもそもクオータ制発祥の国といわれるノルウェーは、なぜクオータ制が必要だと判断をしたのか。そして、世界で7割の国・地域が導入している「クオータ制」をめぐる議論がどうして日本では進まないのか。次章では、実際に国会などで取材をした観点から詳しくみていくことにする。

第4章

女性議員は
なぜ増えないのか
その背景と
国会議員の本音

日本のモノカルチャー政治

「男女比1：1の社会で、9割が男性という同質性の高い組織が、ライフスタイルや価値観の変容してきている社会の課題を解決できますか？」

第1章で取り上げた丸紅・柿木真澄社長の視点は、企業経営だけではなく政治にも当てはまると感じている。新卒総合職採用の男女比をほぼ同じにするという試みの背景に、商社としての危機感があったというポイントだ。

かつて日本経済が右肩上がりで成長していた頃は、一致団結して機動力を発揮し競争力を高めることが重視されたために、男性社員が多い同質的集団はある意味で合理的だったかもしれない。

しかし、誰もが「家が欲しい」「車が欲しい」という原始的な物欲を持っていた時代から、国がある程度成熟して経済成長がピークアウトし、ニーズがどんどん多様化する渦中にあって、男性9割の同質性の高い会社で、新しいビジネス分野を開拓していけるのかという危機感を覚える。

私は柿木社長からその話を聞いた時に、政治もまた同じなのではないかと感じた。第3章で取り上げたレポートでも明らかだったように、国や自治体の重要政策を決める議員にも多様性を取り入れないと、いつまでも視点が広がらず、社会は同じ場所で足踏みしたままになる。人口減少によって女性の労働力に期待する一方で、女性が働きやすい環境の整備は一向に進まないのも、政治の同質性に起因しているのではないか。

「政治にプライベートを持ち込むな」と叱責する男性県議

自民党のある女性県議からこんな話を聞いた。

シングルマザーとして議員活動を日々こなす中で、昼過ぎに突然「夕方5時から会議だから」と連絡があるのだという。「何時までですか」と尋ねると「そんなの話が終わるまでだからわからん」と。子どものお迎えの調整がつかないので「6時以降は難しい」と答えたところ、「政治にプライベートを持ち込むな!」と叱責されたというのである。

家庭は妻に任せて自分は議会に集中してきた高齢男性県議にしてみれば、県民のために夜遅くまで会議をすることは正義なのだろう。しかし、共働きが当たり前の時代、働く女性の**「プライベート環境=子育て」を支援するシステム作りこそが政治の役割なのでは**と問いたくなる。時代は変わったのに、いまだに昭和的価値観や成功体験にすがった政策決定しかできない「モノカルチャーな政治」では、若い世代が抱える問題に発想さえ及ばない。

「モノカルチャー」とは、単一の産品や産業に依存した経済を意味する言葉で、「モノカルチャー政治」とは政策決定層を高齢男性のみに占められている日本の政治状況を指す。霞が関の官僚たちは、「24時間戦えますか」という昭和の根性論そのままに、朝から夜中まで働き続けている。その結果、2021年の国会開会中における国家公務員の残業代は約102億円、深夜のタクシー代は約22億円まで膨れ上がった。この表現はテレワークなどを活用して残業時間を削減し、コロナ対策に予算を回して欲しいと提言して、実際に霞が関の働き方改革を進めている(株)ワーク・ライフバランス代表の小室淑恵さんから教えてもらったのだが、実に日本の政治をよく言い表していると思う。

コロナ禍にあって私たちに突きつけられたのは、デジタル後進国である日本の実態だった。イギリスや台湾などデジタル化の進む政府が、スピード感のある感染経路追跡、補助金の給付、ワクチン接種などを行ったのに比べて日本政府は大きく後れをとった。驚くことに霞が関や永田町ではいまだにファックスが使われている。20代の人たちが「ファックスで手続きを」と言われ、意味がわからず「ファックス」をググった（言葉を検索した）という冗談のような実話もある。オンライン化、ペーパーレス化も進めず、役人の残業は当たり前という昭和的発想で、働き方改革やそれにともなうデジタル化に目を向けなかった結果、このような実態となっている。モノカルチャー政治のままでは、もはや少子化やコロナ対策はもちろん、日本の成長自体が望めない。

「クオータ制」発祥の地、ノルウェーの歩み

2021年「第26回　国際女性ビジネス会議」というイベントで、ノルウェー大使館のリーネ・アウネ公使参事官／臨時代理大使にお話を聞く機会があった。ノルウェーは女性を政策決定層に増やす「クオータ制」発祥の地である。

クオータ制とは、社会全体の女性の数に対し代表者である女性議員の数が、議会において相対的に少ないという問題の改善を目的とした制度である。**よくクオーター**

（quarter）と間違えられるが、4分の1のクオーターではなく、クオータ（quota）＝「割り当て」という意味だ。女性議員を増加させる即効性を持つことから、世界で約130の国や地域が何らかの形でクオータ制を導入している。

「政治や企業の幹部に女性が増えることの利点としては、それまで活かされていなかった能力や技術を持つ人材が活躍することによって、国のGDPにも現実的に有益なことです」とアウネ公使参事官は断言する（図表21参照）。

「企業の取締役会議でも、女性は男性と異なる視点や技術を有しているので、より多彩で生産的な議論になり、全体的な収益をみてもプラスに働いています」（アウネさん）

ノルウェーでは女性の政治参加を求める草の根運動が発端となって、1978年に男女平等法が制定された。その後88年に改訂され「公的委員会・審議会は4名以上で構成される場合、一方の性が全体の40％を下回ってはならない」というクオータ制が本格導入された。

「クオータ制が導入されて5年後には、父親の育児休暇制度が成立するなど子育て家庭を支援する政策がスピードアップしました。ただ、公的機関に比べて民間はなかなか進まなかったのが現実です」

図表21 ノルウェーの一人当たりの名目GDP（自国通貨）の推移

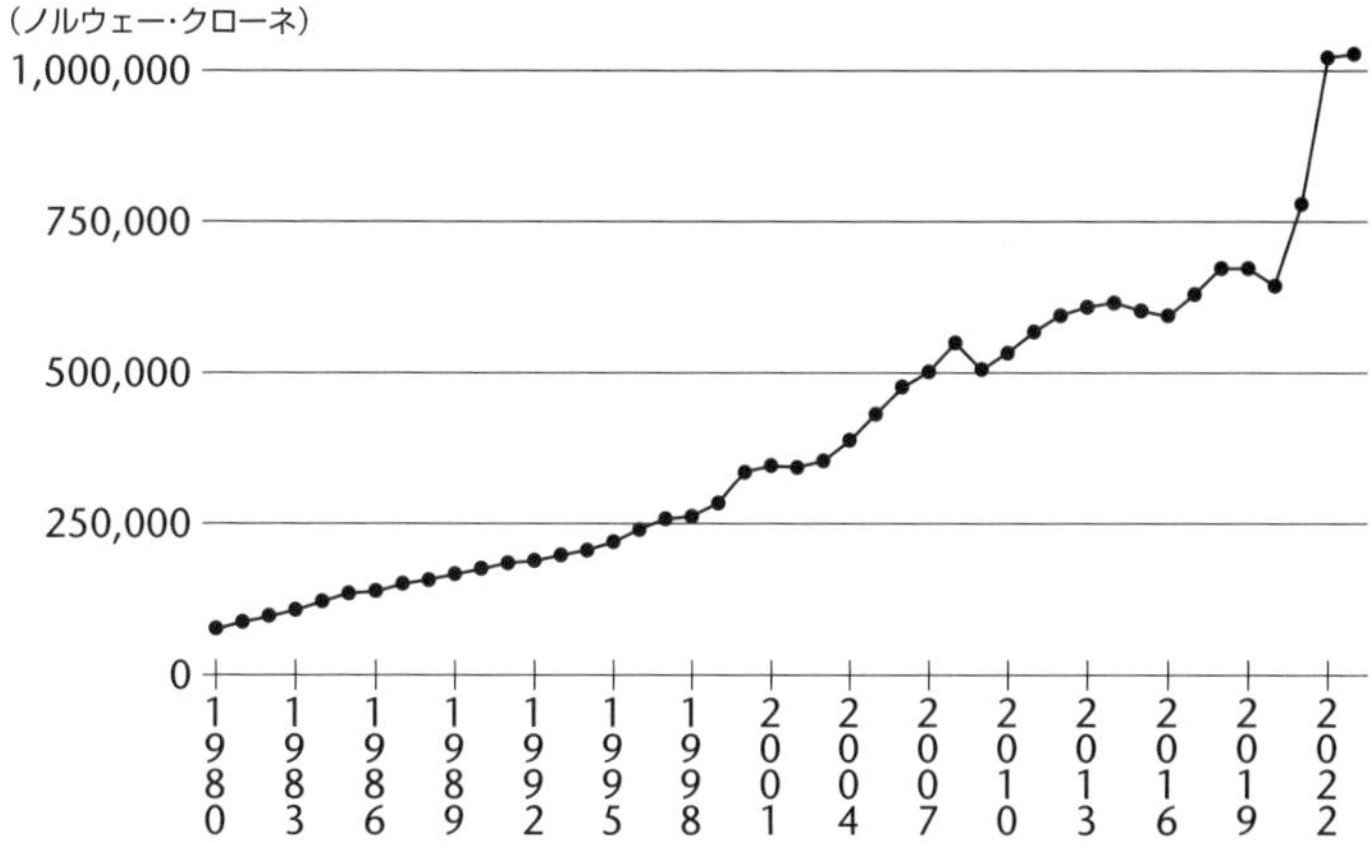

＊SNA（国民経済計算）に基づくデータ

ノルウェーではむしろ政治分野における改革が先に進められ、なかなかクオータ制を取り入れようとしない経済界に政府も手を焼いたのだという。

「2000年代に入って女性役員のクオータ制導入の議論が始まった時は、女性からも多くの反発がありました。職業訓練や女性ネットワーク、先輩女性による教育活動など様々な分野で多くの推進運動が行われましたが、変化は起きませんでした。

事態が動いたのは2002年です。自主的な対策に頼っていては、取締役会での男女平等という目標を達成するのにあと200年はかかるぞと、男性の産業貿易大臣が企業の説得に乗り出したのです」（アウネさん）

彼は強力なイニシアチブでクオータ制を企

業の取締役会に義務づけた。

「『取締役会の女性採用40％が達成されない場合は、上場廃止、会社解散も含む罰則が科せられる』という法制化によって、一気に社会全体でも女性幹部の登用が進みました」（アウネさん）

上場廃止とはなんとも思い切った施策だが、女性参画先進国であるノルウェーでもそこまでしないと変えることはできなかった。反対派がいたり、現状を変えることに二の足を踏む企業が多かったりしたため、広く浸透させるためには政治主導による法制化が必要だったのだ。

「自主的な措置しかなかった頃は、女性役員数は10年間で2％しか増えませんでしたが、クオータ制を義務づける法案が2004年に通過、2006年に施行されると、2008年には女性役員40・7％を達成しました。数十年かかっていた進歩を一気に飛躍させることができたのです」（アウネさん）

ノルウェーが辿った経緯は、なかなか女性役員や国会議員が増えない日本にも大いに参考になる。先頭に立ったのが男性政治家だったというのも印象的だ。

今や約130の国・地域が取り入れているクオータ制だが、日本では女性優遇の逆差別ではないかという批判もあり、なかなか議論が進まない。しかし、アウネさんはクオータ制が女性独自の問題でも優遇でもないと指摘する。

「ノルウェー元総理で、NATO事務総長であるイェンス・ストルテンベルグ氏はこう言いました。【我が国の最も重要な資源は石油でもガスでもなく、人材である】と。彼は経済学者でもあるのですが、国のGDPは労働力人口の規模と生産性であると考えています。**人口の多くを占める女性の能力や技術を活かさないというのは、すなわちGDPを低下させる**ことなのだと」（アウネさん）

人材は国の資源であり、男女問わずその能力を活かさないのはGDPの低下に繋がる。クオータ制は女性だけの問題ではなく、国益のためにも必要な施策だというストルテンベルグ氏の言葉。少子高齢化や労働力人口減少という課題を抱える日本にとって、ノルウェーの歩んだ道のりは参考になるのではないか。日本ではどうしても女性優遇の議論に捉えられ、男性のみならず考え方の異なる女性からも反発があって話が進まないが、そうではなく国益に繋がる施策であることがノルウェーモデルからも明らかだ。「モノカルチャー政治」は、シングルファーザーなど多様な環境にいる男性にとっても生きづらい社会になる。クオータ制とは「モノカルチャー」を脱して、より幅広な人材の能力が活かされ、政策決定に多彩な考えを反映できる政治に変えていく議論である。

では日本の国会の現状はどうなっているのだろうか。

女性を家庭に縛り付けた自民党の戦略

２０２１年秋に行われた衆議院選挙で、衆議院に占める女性議員の割合が９・７％とそれ以前よりも減ってしまった（図表22参照）。内閣府の「政治分野における男女共同参画に関する資料」（２０２１年12月15日）によれば、衆議院の女性議員比率９・７％は、１９０カ国中１６８位。日本より下位はミクロネシア連邦、パプアニューギニア、バヌアツなどだ。ちなみに、スウェーデンはもちろん、アメリカ、フランス、ドイツ、イギリス、韓国など諸外国の国会議員に占める女性割合は、どこもこの30年で大幅に上昇している。なのに、10・１％だった２０１７年の衆院選よりもさらに減少する日本、もはや謎である（その後、野党の女性議員が繰り上げ当選をし、２０２２年４月28日付で９・９％となった。ちなみに参議院は世界平均なみの25％強）。

先進国の中でもダントツに日本で女性国会議員が少ないのはなぜなのだろうか。図表22の各国の状況を見ても、戦後75年以上を経て日本ほど女性議員が増えない国は先進国の中で他にない。

これまでにも多くの議連が立ち上がり、長年にわたって議論が続けられてきた。その成果として、2018年には「候補者男女均等法」が成立し、2021年には改正案も成立した。政府には男女共同参画局があって、女性活躍推進やポジティブ・アクションなどこれ以上ないほどの調査、研究、提言もされている。それにもかかわらず女性候補者割合の数値目標設定はいぜん努力義務にとどまり、2023年世界経済フォーラムによるジェンダーギャップ指数の政治部門において、日本は146カ国中138位である。

図表22 世界の女性議員比率

	むかし	いま
日本	8.4%（1946年）	9.7%（2021年）
アメリカ	2.5%（1946年）	27.9%（2021年）
イギリス	3.8%（1945年）	34.5%（2022年）
フランス	5.6%（1945年）	39.5%（2019年）
韓国	0.5%（1948年）	18.6%（2021年）
フィンランド	9.0%（1945年）	45.5%（2021年）
ニュージーランド	2.5%（1946年）	49.2%（2021年）

出典：Parlineのデータより作成

突出して日本のジェンダーギャップ指数が低い背景について、**ジャーナリストの安藤優子さんは、著書『自民党の女性認識――「イエ中心主義」の政治指向』**（**明石書店**）**で、自民党の「イエ中心主義」をあげている。**安藤さんは世界でも独特な日本の「女性に対する社会認識」を可視化するために、**戦後の自民党における政治指向に注目**

して研究を進める過程で、女性が「イエの構成員」であり「イエに従属する存在」という指向を「戦略的にとってきたこと」を発見し、とても驚いたという。

「上智大学の古い書庫で、1979年に出版された自民党による「日本型福祉社会」をまとめた研究叢書に「家庭長」という言葉を見つけて「この言葉はなんだろう」ってびっくりしちゃって。

「家庭長」というのは女性が家庭内安全保障の役割を担う、つまり家庭の自助努力で自己責任を果たすための言葉なわけですよ。**つまり女性が家庭長として仕切って旦那は元気に働き、子どももすくすく育って学校に通う。女性がやれば国家の福祉予算は削減できる**わけです。**その役割を女性に押し付けるために「家庭長」という言葉が編み出されたわけ**。単なる主婦じゃなくて「家庭の長だぜ、すごいね」って。**でもそれってつまり国に頼らない福祉の負担を女性に押し付けたわけでしょ。そこには女性を一人の人間としてリスペクトする姿勢が全くないんですよ**」

「（キャスターの仕事をしていて）一番見落としていたのは、自民党が保守政党として戦後再生していくための「党戦略」としてこういう女性認識を再生産していくという点。何となく伝統的に植え付けられてきたように思っていた女性に対する認識が、実はものすごく明快な党の戦略として、意図を持って今日この日まで常に再生産されてきたわけです。ある種の驚愕の事実じゃありません？　何となくそういう党だとは感じていても、それが意図的な再生産というのは驚きでした」（日経ｘｗｏｍａｎ ＡＲＩＡ連載『聞いて、見て、考えた。長野智子』「安藤優子&長野智子「女は家を守る」自民党の戦略だった」より）

戦後、自民党がほとんど政府与党であったことを考えても、こうした党の戦略が日本社会全体のジェンダー意識に大きな影響を与えてきたことは間違いない。潜在意識のように根をはった戦後日本の価値観そのままに、名ばかりの「女性活躍」や「男女共同参画」を世界の潮流を意識した政府が打ち出すようになったことで、どうも歯車がかみ合わず、ギクシャクと前に進まないのが今の日本の現状のように思える。

この歯車をどうしたらスムーズに回せるのか。そして、政府自体が旗をふる男女共同参画をここまで阻むものは一体何なのだろうか。

２０２１年5月、超党派女性国会議員による「クオータ制を実現するための勉強会」を立ち上げたのは、その答えを知るためだった。メディアの人間が関わることによって、第三者だからこそ感じる疑問や、国会の外にはなかなか見えてこない障壁を伝え、多くの人とシェアすることで状況を少しでも変えていくことができないかと考えた。そのため勉強会は原則メディア・フルオープンにして、記者・ジャーナリストの皆さんに取材をしていただく形にしている。

クオータ制を実現するための勉強会

2020年秋に、テレビ朝日の報道番組を卒業した際に、「朝まで生テレビ!」で9年間ご一緒させていただいたジャーナリストの田原総一朗さんに「これまでキャスターとして問題意識を持っていたこともあり、女性国会議員を増やすことに取り組んでみたい」という思いを相談したところ、「それは大事なことだ。勉強会をやってみなさい」と背中を押してくださった。ジェンダー問題に熱心に取り組んでいる野田聖子議員(自民)、辻元清美議員(立憲)、矢田わか子氏(国民)が田原さんの番組に出演した際に私と繋いでくださったので、さらにこの3人から教えていただいた各党議員の方に私が直接連絡をとって超党派議員による勉強会をスタートした。

2023年現在でメンバーは野田議員、辻元議員、矢田氏の他に、古屋範子議員(公明)、石井苗子《みつこ》議員(維新)、田村智子議員(共産)、福島みずほ議員(社民)、櫛渕万里議員(れいわ)、座長が田原さん、私が事務局長を務めている。これまで三原じゅん子議員

ほ（自民）、稲田朋美議員（自民）、徳永エリ議員（立憲）、伊藤孝江議員（公明）、梅村みずほ議員（維新）、吉良よし子議員（共産）にも参加していただいた。これまでにメディアなしを含めて15回ほど開催している。

1回目の勉強会で議員から出たのが、議連のように党を背負って参加するのではなく、一国会議員として気軽に意見交換をできる会にしてはどうかという提案だった。聞けば、それぞれが抱える課題や障害について、党を超えてざっくばらんに話し合える機会があまりないのだという。他の党ではこういう取り組みをしているなどのアイデアを、自分の党に持ち帰って検討できるような勉強会になれば意義深いというものだった。ではと始めたざっくばらんな意見交換の中で最初に出たのが、**女性の立候補に大きな障害となっているいわゆる「票ハラスメント」問題**である。

女性立候補者が体験した「票ハラスメント」

「胸を触られた」「お尻をなでられた」「膝の上に座ってお酌しろと言われた」

日本の選挙では、こうした胸がムカムカするような候補者に対するセクシャルハラスメントが今も起きているというのだ。「俺は票を持っているから、欲しいなら飲み会に来なさい」から始まる「票ハラ」は本当に悪質だ。女性が選挙活動をしたくてもしづらい大きな要因になっている。選挙期間中のセクハラについては、「候補者男女均等法」の改正法が成立し、防止策を政党や国・自治体に求める条文が新たに設けられた。しかし、いまだに有権者によるつきまといなど、女性候補が身の危険を感じ、選挙活動を断念せざるをえないケースは枚挙にいとまがない。

「キスをしたら投票するからと言われた」「人混みの中にいるときや写真を一緒に撮るときにお尻を触られる」「握手で握った手を離さない」

耳を疑うようなセクハラエピソードが次から次へと語られる。「キスしてくれたら」とか「言う通りにしたら投票する」というおぞましい言葉にもちろん応えることはしないが、そのたびに不快な思いをするし、相手が有権者や地元のお偉いさんだと特に新人候補の場合、露骨に嫌そうな表情をするのもはばかられて断るのにもいちいち気を遣う。

こうした問題は候補者だけでなく、秘書や選挙スタッフの女性もターゲットになる場合があるという。他にも、「地方とか高齢の権力者が多いところだと、『兄弟の杯だ。飲め』とおじさんたちが飲んだお猪口を突きつけられる。イヤイヤ受け取って口をつけようとすると、フチに食べカスがついていたりする」といった吐き気がするような時代錯誤の話も出てくるのだ。

こんな風習は男性候補者にとっても迷惑な話だろう。もはや憎きコロナ禍さえ、ソーシャル・ディスタンスという点においては、女性の立候補しやすさに繋がったのではと妙な希望に感じてしまった。候補者男女均等改正法によって環境が改善されることを期待するが、あまりにひどいセクハラについては今後罰則を設けるくらいしないとだめなのではないかと思う。

選挙に当選して国会議員になってからも、出産のために国会を欠席せねばならず、採決に投票できないと言うと、「だから女は」とか「やはり議員は男じゃないと」とネガティブにとられるという意見が出たのには驚いた。出産は病気ではない上に、まったなしの少子化対策が求められる国会において、いまどきなんと理不尽なことかと思う。

「出産する議員にはオンライン投票を可能に」という要望もこれまで提案されたそうだが、年配の男性議員からは、憲法56条にある「出席議員」という言葉の「出席」は実体があって体温が感じられることが前提だから、と言われたそうだ。たしかに憲法はインターネットを前提にしていないとはいえ、今の時代にマジかよ、な話である（オンライン出席については22年に衆院憲法審査会で緊急時に限り可能という判断になったが、オンライン採決については不可能）。

日本で女性の国会議員が増えない理由

「クオータ制を実現するための勉強会」を通して、女性議員を増やすことへの主な障害は以下に集約されることがわかってきた。

① セクハラやマタハラ（マタニティハラスメント）など女性が立候補しづらい環境
② 家・地元を守る人が他にいないと、出産・子育てと両立するには過酷すぎる選挙運動のあり方や国会議員の働き方

③　クオータ制を取り入れるのが難しい小選挙区制度
④　各党、県連など候補者選びをする選挙対策委員が男性ばかりで、女性候補者を増やす発想にならないこと
⑤　世襲が多くて家業としての政治になり、女性、異分子を入れたがらないこと
⑥　候補者どころか、党の執行部、意思決定機関に女性議員を置かない現状（立憲は新党首のもと改善との意見）

議論を聞きながら、思わず遠い目になってしまうほど厚すぎる壁である。

地元は妻に任せて自分は国会中心、という男性が多くを占める永田町では、誰かの援助がない限り子育てや家事と両立が難しい国会議員の働き方を改善しようという動きは鈍い。自分たちはなんの苦労もなく妻任せだから問題意識も持たないのだろう。当然「クオータ制」についても無関心な議員が多いという。協力を求めても「票にならないからなあ」と言われることが多いと女性議員から聞いた。もちろん熱心な議員もいるが、国会全体として国民の関心が低いことを理由に優先順位を後回しにするため、結局ジェンダーが「流行り」にのった表面的な議論にしかならないというのが永田町の現実だ。

少子化、労働力人口の減少、福祉・年金問題に至るまで日本の将来に影を落とす大問

題、議員にとって「票になる」政策課題の底辺に、ジェンダー格差や女性の働き方、男性のワークライフバランス、という日本が世界に大きく後れをとっている問題が深く関わっていることがどうして議論されないのだろう。

クオータ制というと女性優遇だとか男女の席の取り合いのように言う人もいるが、むしろ男女、性別にかかわらず様々な環境にいる人たちにとって、より生きやすい社会をつくるために、もっと幅広で多様性のある人材を国会に送るためのシステム作りの議論である。「なぜ国会に多様性が必要なのか」という芯の部分の議論がまったく行われず、男女のイス取りゲームとしか捉えられていないことで日本では議論がまったく進まない。日本の成長にとっても鍵を握る問題であり、国会には本当に目を覚ましてもらいたいと思う。

選挙制度も大きな壁だ。小選挙区制度では自民党を筆頭に多くの政党が「現職優先」の方針をとっている。すでに男性国会議員が多い現状で「現職優先」となると、女性候補を新しく擁立することは不可能に近い。では「比例代表で」といっても、かなり小選挙区に強い党でない限り、女性を比例に優先配分していくのは難しくなる。より多様性に富む人材を国会に送り込むためには、現行の小選挙区制度では限界があると、参加議員たちも問題意識を共有していた。勉強会において、昔の中選挙区制度に戻すというよりも、時代にあわせてより幅広い人材が政治に参加できるような選挙制度を研究・検討すべき時期ではないかという話が自民党を含めて超党派で前向きに議論されたのは意外だったし、これはぜひ国会でも進めてほしいと思う。

日本で可能なクオータ制のかたち

2022年10月の勉強会には上智大学法学部の三浦まり教授をお招きして、「日本で実施可能なクオータ制」のかたちについて議論をした。三浦先生によると、クオータ制には、議会選挙立候補者の一定比率を女性（または両性）に割り当てる「候補者割当制」と、議席の一定数を女性に割り当てる「議席割当制」の2通りの方法がある。また、クオータ制の実施を全政党に義務付ける「法律型」と、政党が独自に実施する「政党型」のタイプにもわかれている。強制力の強さも含めて、まさに採用している国の数だけかたちがあるといえるだろう。つまり日本の制度に合ったクオータ制のかたちを議論することが重要となる。

最も強制力が強いのはメキシコのケースで、50%クオータを満たしていないと名簿が選挙管理委員会で不受理になる。これだと日本では違憲になる可能性もあるので、**三浦先生が日本で現実的だと考えるのは、「政党交付金を減らす」といった罰則を設けるかたちだ。**当初、減額幅は小さい形でゆるく導入し、クオータ制度が周知されてきたところで少し引き上げるというフランス方式を日本でも段階的に導入するのが良いのではという提言だった。

さらに、比例名簿における順位も注意が必要だ。女性の立候補者の割合を3割、4割にしなければいけないと決めても、当選の難しそうな選挙区ばかりに女性を擁立し、結果的に皆、落選したら意味がない。そのため、**比例名簿の順位に対して、男女交互にするとか、上位5人のうち少なくとも2人は異なる性にするなどルールを設けることもとても重要となる。**

三浦先生は、衆議院選挙における「重複立候補」についても問題提起をした。重複立候補とは、小選挙区で敗退した候補者のうち、惜敗率（小選挙区での得票数をその選挙区の当選者の得票数で割ったもの）が高い順から復活当選していくシステムだ。この重複立候補の全員が比例名簿の第1位に並ぶことも珍しくない。

比例ブロックに重複候補が20人いたとしたら、女性はそのうち2～3人程度しかいなかったりする。選挙に負けた政党の場合は、比例候補のうち重複候補が惜敗率の順で比例復活していき、比例単独の候補にまで順番が回ってこないというわけだ。

せっかく**日本には比例代表制があって、女性を含む多様な候補者を擁立するために使うこともできるのに、実態としては重複立候補によって落選する議員の救済制度**になってしまっている。

かつて衆議院で飛躍的に女性議員が増えたことがある。2005年の解散・総選挙、いわゆる「郵政選挙」だ。当時の小泉純一郎総理は郵政民営化法案に反対をする候補への「刺客」として、全国11ブロックの比例名簿1位を比例単独の女性候補者にしたり、重複立候補に女性が2人いたらその2人を1位に載せたりした。「小泉劇場」とも揶揄されたが、一方でこの手法は「小泉流クオータ制」ともいえる。この例から、トップの決断さえあれば今の選挙制度のまま女性議員を増やすことは可能だとわかるが、当時、男性議員たちから「なぜ女性だけを優遇するのか」と批判の声があがり、後継の自民党総裁たちは同じ方法をとらなかった。

一番シンプルなのは、法律を変えて重複立候補そのものを廃止することだが、三浦先生は名簿の順位を争って党内抗争が激化することが懸念されるため、重複立候補者を男性グループと女性グループに分けて、それぞれのグループ内で、惜敗率によって交互に当選させていくのが現実的な案であり、男性からの納得も得られやすいのではと提案された。

三浦先生からの説明を受けて議員たちから出たのは、クオータ制について法案化するのは現状なかなか難しいという反応だった。自民党の野田議員からは「政党助成金は罰則減額方式では党内の抵抗感が大きくて難しい。実現したらプラスする加算方式にすべきではないか」という意見。さらに「合憲か否かなど時間をかけて法律を作るには時間がかかりすぎる。むしろ現在2%しかいない行政の首長に女性がなることの方が、『見える化』もしてイメージも変わり効果的では」と国会へのクオータ制の本格導入については距離を置く発言があった。野田議員は自民党の中でもジェンダーやインクルーシブ政策に熱心だが、党内の空気を知るだけに現実的にならざるを得ないという（知事と市区長、町村長を合わせた全国の首長1784人のうち、女性は42人で2%——2021年総務省調べ・2023年統一地方選挙で微増）。

クオータ制はそもそも国会の働き方改革など環境整備の起爆剤になる。環境整備をしてからクオータ制を目指すのか。女性議員を増やすことによって国会内の文化を変えていくべきなのか。どちらを先にすべきか、にわとりと卵でいつまでも足並みが揃わないと苛立つ議員もいた。

矢田わか子氏からは「衆参にジェンダーに関する調査会をつくって横串を刺して議論

を進めるべき」という具体的提案もあり、今後ぜひ国会で検討してもらいたいと思う。最終的には、そもそも選挙制度審議会で議論をするのがほとんど男性で、「女性議員をどう増やすか」という視点がないので、まずは選挙制度審議会で指標に入れるように働きかけるべきではないかという、法整備よりもかなり手前の話で時間がきてしまった。

「クオータ制を実現するための勉強会」を続けてきてわかってきたのは、政権交代でもない限り、あるいはこのテーマを優先させるリーダーが現れない限り、日本でクオータ制を実現するにはマジに200年かかるぞということかもしれない。

政治の流動性を高める方法

日本で「クオータ制」を実現していくために欠かせないのは「政治の新陳代謝」だと三浦先生は指摘する。

「ラテンアメリカ諸国では1期だけとか2期だけの任期制限が普通ですが、日本は多選禁止がなく、何期もやるのが普通です。落選した場合、その後のキャリアが見えない。見えないからもう権力かそのポストにしがみつくしかない。そのような構造になってしまっているんですね。

ですから、もっといろいろな人が政治家になって辞めていくような流れ、たとえば、**地方議員だった人が、国会議員になった後、都道府県の知事や市町村の長になっていく、といった、政界の流動性を高めていくという、大きなプロジェクトの中にクオータ制を入れていくことが、成功の秘訣**だと思います。

（中略）

議員を辞めても自分なりのいいキャリアが築けるということにならないと、自分のポストを脅かそうとする人に徹底抗戦し、クオータ制も断固反対となってしまいます」

（ダイヤモンドオンライン『田原総一朗×三浦まり×長野智子鼎談』「クオータ制とは何か？」前編より）


政界の流動性を高めるためには、政界に入った人たちが一般社会に戻ってきたときに、もともと働いていた企業が受け入れる仕組み、あるいは選挙に立候補するための休職制度の整備なども効果的だろう。三浦先生によればＪＡＸＡで長年宇宙開発に携っていた（参議院議員の）水野素子さんは、ＪＡＸＡの立候補休職制度を利用し身分を保障されたまま選挙に出て2回落選したというが、そのつどＪＡＸＡは受け入れたという。こうした取り組みを法制化するなりして、多くの企業が対応していくことも求められる。「政治家をやってきた後、また戻ってきてもいいよ」というリボルビングドア*の企業文化が広がれば、より多様な人材が政治にも参加しやすくなるのではないだろうか。

大きな影響を持つ有権者の意識変化

とはいえ、社会や政治の仕組み、選挙制度を変えるにはどうしても時間がかかる。そんな中で、有権者の意識変化こそがなにより現状を変えることに繋がると感じたのが、勉強会における石井苗子議員（日本維新の会）の発言だった。

勉強会がスタートした頃、ことあるごとに石井議員は「うちの党は橋下徹さん、松井一郎さん、吉村洋文さん。もうマッチョすぎて、女性候補を増やすなんて発想一ミリもないですから」と話していた。ところが2年後の2023年春、統一地方選挙の結果を受けた勉強会で「これまで最もマッチョだった維新が意識改革・行動変容を起こしまし

*リボルビングドア……回転式のドア。転じて、官民を行き来するキャリアパスをさす

た」とご本人が驚く党の変化について語ったのである。

「当選者の男女比率が6：4。しかも女性候補の過半数が上位当選です。これは党が変わったというよりも、国会の予算委員会の4割が少子化対策に割かれたことで、支持者やその周辺から、もっと女性の意見を反映させた方が良いのではという声があがってきたことが大きかった。有権者側の目が変わってきたんです。それを敏感に察知した党幹部たちが女性を出さないと、と言い始めた。以前は女性を出すと優秀な男性候補が入れられなくなるとか平気で言っていた方たちですよ（笑）」

日本維新の会は、なんと選挙期間中が出産予定日だった佐藤ことさんを公認（北区議選）。佐藤さんは告示の翌日に出産をして見事トップ当選を果たした。子育てをしながら、足りないと感じる部分を政治で変えたいという佐藤さんの強い思いが有権者に響いたと石井議員は言う。

「やはり内側から変えるのは難しい。でも有権者の目が変わることでパッと変わるんです」

投票率の低さについては選挙のたびに報じられる。自分の一票ではなにも変わらない、誰に入れて良いかわからない、支持政党がないなど様々な声も伝えられるが、改めて有権者の投票はこれほどまでに政党を変える力があるのだ。

2023年統一地方選挙・政党別女性候補者の数とその比率（朝日新聞）

▽自民党　78人　6％
▽立憲民主党　64人　26％
▽日本維新の会　36人　18％
▽公明党　28人　17％
▽共産党　91人　48％
▽国民民主党　10人　22％
▽れいわ新選組　1人　50％
▽社民党　4人　67％、

自分の一票では、すぐに変わらないかもしれない。しかし影響はある。投票しなければ変わる可能性はゼロである。誰を選んで良いかわからない場合、もしもっと女性の声が届いた方が良いと思えば、まずは女性候補者に絞ってから、ＳＮＳを覗いたり政策をみたりして投票するという方法もあるだろう。

「鉄の女」しか国民の代表になれないのか

２０２２年、ジェンダー平等の観点から国会の現状を点検するため、衆議院が全４６５人と政党を対象としたアンケートを実施。「議会のジェンダー配慮への評価に関するアンケート調査」として同年6月に結果が発表された。

それによると、「現在、女性国会議員は十分だと考えるか」という質問に対して、82・７％の議員が「不十分」「どちらかといえば不十分」と答えている。つまり多くの現役議員が女性議員の少なさに問題意識は持っているということだ。

なにしろ衆議院が現職議員を対象にアンケート調査を行うのは初めてのことだ。アンケート記入という形で議員たちがこの問題に向き合う機会があっただけでも私は意義があったのではと感じている。というのも、選挙前になると「我が党は女性候補者擁立を重要視する」といった発言も報じられるが、通常モードの永田町での「ジェンダー平等」に対する優先順位は著しく低い。「総論では賛成」という議員も「でも他にやるべきことがあるよね」と各論になると反対にまわるのが現実だ。

「クオータ制を実現するための勉強会」でも何度も議論されたが、未だに妻が地元と家を守り、男性議員が永田町という文化は根強い。それができない男性あるいは女性議員が地元と国会の往復で疲弊したり、他の家族の協力を得ることが難しいシングルマザー、シングルファーザーの候補者がなかなか入り込めなかったりするのが日本の国会の現状である。

驚いたのは、「そもそも国会には「家族的責任」を持つという考えがないのよ」という議員の発言だった。つまり、国会議員たるもの、夫としての「家族的責任」を放棄してでもガンガン働くべきであり家に構っている場合ではない。そこは妻が内助の功で支えるべきことだと。妻が議員である場合、夫に家と地元を任せて同様に働くことはほぼ不可能である。国民の代表である国会議員がこうした文化をふまえて政策を作っていると思うだけで、ずいぶん現実とかけ離れているなあと思ってしまう。

こうなると女性議員は人一倍強くなるしかない。現職で出産をした橋本聖子さんは、出産後すぐに本会議場に担架で運ばれて戻ってきたことからアイアンウーマン（鉄の女）と称賛されたという都市伝説みたいな話が国会にあるそうだ（実際は出産後1週間で復帰。それでも凄い）。そこまでしないと女性は国民の代表になれないのだろうか。どれもこれもがとにかく時代錯誤で今の日本社会からかけ離れている。やはりこれは9割が男性という衆議院のあり方に大きく関わっていることだと思う。

今では多くの女性が働くことが当たり前になっているが、非正規が多い女性の労働保護法制の整備、コロナ禍での女性の雇用政策、生理、更年期など女性特有の健康問題なども、厚労省に持ち込むのは女性議員である現況についても勉強会で話し合われた。男性議員にとっては関心が薄く、むしろ発想にも至らないテーマだ。一方、圧倒的多数の男性が直接影響をうけるバイアグラや抜け毛・薄毛などの薬品問題などはすぐに飛びついて認可するという実態も語られた。

人口減も加わり、**すでに日本の経済は女性労働力なしでは立ちゆかない状況なのに、それこそ人口比の半分を占める女性についての政策が国会で取り上げられる機会が少ないのは、女性だけではなく日本全体にとってもマイナスではないだろうか。**

ここまで見てきたように民間においては、これまで目を向けてこなかった新しいビジネス分野を開拓する必要性や、拡大するESG投資に沿った会社経営のために、女性登用を積極的に進めている企業が増えている。昭和のように、力尽くで国家の成長を推し進めるためには男性中心の政治が適していたのかもしれない。しかし時代は変わり、女性の社会進出も進んだ現代において、子育て環境やデジタルによる社会の効率化、働き方自体の変化などグローバルに価値観やライフスタイルが変容する中においては、男性だけによるマッチョで同質的な発想だけでは、企業も社会全体の需要に追いつかなくなっているのが実態である。国民の生活に直接関わる国の政策もまた、より多様な価値観を国会に取り入れることで、幅広く国民のニーズに応えることが可能になる。

もちろん、国会という限られた定数においては席の奪い合いになるだろう。しかし、国にとって今どのような改革が必要なのか。その本質的な議論をしない限り、議論はイス取りゲームで膠着し、日本はいつまでも同じ場所で足踏みだ。

イノベーションとは不自由さから生み出されるものだと思う。様々な環境にいて不自由な思いをしている人たちが、なんとか状況を改善しようと工夫することによって新しい発想や技術開発に繋がっていくのではないか。

「国会になぜ多様性が必要なのか」というテーマについてより踏み込んだ議論をすることで、9割を男性が占める衆議院に多様性を取り入れることが国民にとってプラスだとわかれば、例えば選挙に強い自民党なら、小選挙区でぼろ負けしても比例で復活当選するような議員にかえて、女性のみならずダイバーシティに富んだ候補を比例上位に据えるなど、現状でもやれることはあると思う。

女性が働くことが日常になり、様々な環境に生きる生活者への目配り、セーフティネットが求められる時代にあっては、社会の半数を占める女性だけではなく、障害者、セクシャルマイノリティも含めた多様な視点、不自由さを感じている者の視点が直接国の政策に反映されることで、働き方のデジタルトランスフォーメーションが進み、結果として日本のイノベーションや成長に繋がることになると確信している。

第 5 章

メディアは社会の映し鏡

昭和から令和へ
メディアは変わるのか

テレビ局が発端となった日本の#MeToo

2017年、ニューヨーク・タイムズの記者であるジョディ・カンターとミーガン・トゥーイーが、かねてから性的虐待疑惑のあった大物映画プロデューサー、ハーヴェイ・ワインスタインによる数十年に及ぶセクシャルハラスメントを告発する記事を発表した。女優のアシュレイ・ジャッドら数十名が実名でセクハラを告発したこともあってそのニュースはあっという間に拡散し、#MeToo運動が世界的潮流となる。当初、日本では大きなムーブメントに繋がるほどの関心事として捉えられなかった#MeTooだが、翌年、日本で一気に噴出することになった。そのきっかけとなった舞台が霞が関とテレビ局だ。

2018年4月12日、福田淳一財務事務次官（当時）のセクハラ疑惑が「週刊新潮」によって報じられた。福田氏が複数の女性記者に対して「胸触っていい?」「手縛っていい?」などのセクハラ発言を繰り返していたというものだ。ついには、テレビ朝日の女性記者に対する福田氏のセクハラトーク音声がネット公開されたことで、結果的に福田氏は辞任に追い込まれた。

告発されたのが日本の官僚トップ中のトップ、財務省事務次官であり、なにより告発したのがテレビ局の女性記者という「伝える側」のド真ん中であることから、日本メディアもようやく目が覚めたかのようにジェンダーやセクハラ問題を取り上げるようになり、SNSでも #MeToo をつけて多くの女性が自分の体験を語り始めた。

この騒動を巡って福田氏とともに問題視されたのが、セクハラを受けた女性記者が所属するテレビ朝日の対応だった。女性記者が福田氏によるセクハラについて告発をしたいと上司に相談したにもかかわらず「報道は難しい」と言われたために、「週刊新潮」に連絡したことが明らかにされたからだ。テレビ朝日は記者会見を開き、当時の報道局長が「社員からセクハラ情報があったにもかかわらず、適切な対応ができなかったことに関しては深く反省しております（4月19日）」と反省の弁を述べている。

テレビ朝日の担当者は女性記者から相談を受けたときに、福田氏によるセクハラが女性記者にとってどれだけ耐えがたいものだったのか、その気持ちに十分寄り添うことができたのだろうか。気持ちを理解して対処をしていれば、少なくともテレビ記者が週刊誌に駆け込むような事態にはならなかったはずだ。

事態が明るみに出た数日後、「そんな発言されて嫌なら、その場から去って帰ればいいだろ。財務省担当はみんな男にすればいい。触ってないならいいじゃないか」と、麻生太郎副総理兼財務相（当時）が発言したことを「週刊文春」が報道し（4月26日号）、野党6党が麻生氏の辞任要求をするなど大炎上したが、実際、麻生氏の発言に共感する意見や、福田氏よりもむしろ被害者である女性記者の行動を批判するコメントはSNSに多く見られた。いかなる状況においてもセクハラは加害者が悪い。だが、男性が圧倒的に多いテレビの現場において、麻生氏の発言に漂う「そんなことで騒ぐなよ。嫌なら行かなければいい」という空気が、男性社員そしてその中で生き抜いてきた先輩女性社員の中にも少なからずあったかもしれない。実際、一昔前は女性記者がスクープをとると、それが本人の大変な努力によるものであっても、男性から「女はネタがとりやすくていいよな」と言われることは珍しくなかった。政治、経済、野球など男性中心組織が対象となる取材では、女というだけで得だよねという視線の中で、なにクソと頑張ってきたベテラン女性も、心のどこかで後輩女性に対し「甘えるな」という気持ちを抱いてしまうのは想像にかたくない。

「もっと大切なことがある」

「成し遂げるべき正義がある」

官僚ならば「国益」、メディアならば「公益性のあるスクープ」。志高く理想を掲げる組織であればあるほど、足元の「人権」や「尊厳」が後回しになってしまう傾向があるのではないだろうか。

しかし、前述したように、この事件が起きる前年には世界中で #MeToo 旋風が巻き起こり、泣き寝入りはしないと立ち上がる女性たちが声を上げていた。時代がひとつ先に進んだ渦中に、テレビ朝日女性記者の告発は起きたのだ。

「今の時代というのはそういう感じなのかなと思った」とはセクハラ認識について記者から問われた福田氏の言葉である。「昔はそんなことよくあったけどね」「今の時代はいろいろ難しいから」といった発言は当時のテレビ局内でも何度となく耳にした。この事件について筆者自身も番組で伝えながら暗澹たる気持ちになったのは、「セクハラなんか気にしなくてよかった時代が懐かしい」と男性たちに言わせてしまったのが、他でもない我々世代の女性だったかもしれないという自責の念からだ。

男女雇用機会均等法の功罪

　私がフジテレビにアナウンサーとして入社したのは1985年。テレビ局に「コンプライアンス」という言葉も存在しない時代だ。フジテレビが上場するのは、12年後の1997年である。入社当時、日本はバブル景気に向けて右肩あがりの経済を享受していた時代で、まだ本社は新宿区河田町にあった。お台場にある壮大な社屋とは違って、河田町のフジテレビはもっとこぢんまりしていて、まるで毎日が文化祭のように雑多で熱っぽい空気がみなぎっていた。

「顔色悪いね。昨日は彼氏とお泊り？」

「腰掛けだと言って、3、4年で辞める女くらいがかわいいよね」

「女子アナは30までが賞味期限」

　といった、今では考えられないような会話が日常的に悪気もなく、むしろ楽しげに交わされていた時代だ。廊下ですれ違いざまにノースリーブの二の腕を摑まれたり、飲み会の席で男性社員の横に座ってお酒をついだり、料理を皿に盛ることも「気の利く女性」として「普通」で「当たり前」のことだった。

アナウンス室に配属されて最初の仕事は男性アナウンサーのお茶の好みを暗記することだった。Ａ４サイズの手書きリストがあって、男性アナの名前の横に、「コーヒー、ブラック」「日本茶のみ」「紅茶、砂糖ひとつ」など個々の嗜好が書かれている。男性アナが出社すると女性アナがリストに沿って、いちいち好みを聞かずともすばやく飲み物をお出ししなければならない。どんなに番組で忙しくても、お茶碗を熱湯消毒し、茶渋が付かないよう漂白ハイターをするのが女性アナウンサーの日常業務だった。当然ながら、男性アナウンサーにその義務はない。そういうものだと先輩女性から教えられていたし、なによりテレビ局で働く毎日が楽しかった。

「楽しくなければテレビじゃない」というキャッチフレーズのもと、若いディレクターたちが日々、面白いことを生み出していく。当時のフジテレビは私にとって、まるで「おもちゃ箱」のように毎日が想定外で遊園地のようだった。

肉体的につらいことがあったり、今ならセクハラとわかるような言葉をかけられたりしても、その環境を変えていこうと闘うよりは、「そんなことは」とスルーして、与えられた仕事の中で周囲の期待に応えることばかりを考えていた。

「男女雇用機会均等法」が成立した１９８５年に入社した私たちから、全女性アナウンサーが正社員となった。それまで女性アナウンサーは契約社員だったのだ。初めての正社員アナとして、「男性なみに徹夜しても大丈夫？」「会社の泊りもいい？」と事あるごとに聞かれた記憶がある。そのたびに私たちは「大丈夫です」「男性社員と同じに扱ってください」「気を遣わないでください」と、とにかく男性と同じ環境で仕事をさせてもらうことに必死だった。

「なんなら飲み会もガンガン行きます」

「別に下ネタだってＯＫです」

職場以外の飲み会の席であってもそうした姿勢を貫くことが「正しい」と思っていたし、「だから女は」と言われないよう細心の注意を払っていた。新人の女性記者がトイレのない現場での徹夜取材で「女はめんどう」だと言われたくないから我慢をし、膀胱炎を患うことも当時は珍しくなかった。そして、そういう女性こそが「仕事ができる」と評価され、ついていけないと感じる優秀な女性の何人かは辞めていった。

女性の方が、政治家や野球選手は喜んで口を開きやすいからと、スポーツ取材や報道の現場に女性アナウンサーがかり出されるようになったのもこの頃である。私自身も球団担当のスポーツ局社員から「あの選手とうまくやりたい。彼は女子アナ好きだから、飲み会に来て座を盛り上げてよ」と頼まれて、自分の仕事とは関係ないのに顔を出したこともある。それこそ他の女性社員からは「政治家の膝に座ってお酒をついだ」などという話を「武勇伝」として聞くこともあった。「それは私の仕事ではない」というかわりに、「自分が必要とされている」「仕事がやりやすくなる」ことの方に夢中だった。圧倒的男性中心組織の中で、やりにくくなるのを避けることが自分にとって一番得だし、仕事とはそういうものだと自分を納得させていたところもある。

男女雇用機会均等法という、自分たちより上の世代の女性たちが繋いでくれたバトンを受け取ったからには、女性であっても男性と同じような条件で仕事をこなし、付き合いもできてこそ、組織にも社会にも認められて次の世代にバトンを渡すことができると思っていた。だから数十年後、若い世代の女性から「先輩たちのような働き方はしたくない」と言われたときは衝撃だったし、今となれば「そりゃあ、そうだよな」とも思うのだけど、それだけ女性が働くことが当たり前になって、働き方の選択ができるようになったという解釈をするならば、均等法世代の頑張りも少しは報われるのだろうか。

ただただ自分の目の前のことに必死でジタバタと泳いでいるうちに、いつしかその水に慣れて泳ぎ方を覚えてしまった。もちろん同世代の中にも大いに疑問を感じて変えようと訴えた女性たちもいたが、男性が圧倒的多数を占める組織にあって少数派であった彼女たちの声は響かず、あきらめ顔で職場を去っていった。そして、もがきながらも泳ぎ切ってきたベテラン女性たちの一部が、「私たちはへこたれずに頑張ってきたのに、なぜ貴女たちは不平ばかり言うのか」と、働き方への不満を述べたり改善要求をしたりする若い女性社員たちにむしろ厳しくなるのもよくあることで、今の社会がなかなか変わらない背景の一端と言えるかもしれない。

男女雇用機会均等法について、社会政策学者の大沢真理さんが「テーラーメイドの法律」と表現したと東京大学名誉教授の上野千鶴子さんから伺ったことがある。テーラーメイドとは「紳士服仕立て」という意味だ。身に合わない紳士服をなんとか着られた女性だけが生き延びられるシステムだと。たしかに私たちは「女として」ではなく「男と同じように」働こうとした世代だった。そういった「均等法世代の女性たち」を福田氏のような男性たちが「今の時代と比べてよかった、やりやすかった」と懐かしがっているならば、その責任の一端はテーラーメイドを身体に合わないまま着こなそうとして、「騒ぐべきだったこと」をスルーしてきてしまった我々世代の女性にもある。

しかし、2018年の出来事をきっかけに、様々な業界でジェンダー問題が活発に議論されるようになり、テレビ局もそれまでの価値観や慣例の転換を迫られることになった。世論に影響を持つテレビが変わらなければ、社会は変わらない。テレビ局は2018年からどのように変わったのだろうか。

制作部門の最高責任者に女性はゼロの衝撃

2022年の秋、長澤まさみさん主演のドラマ「エルピス―希望、あるいは災い―」(カンテレ制作・フジテレビ系)が放送され大ヒットした。スキャンダルによってエースの座から転落したアナウンサー・浅川恵那(長澤まさみ)が、若手新米ディレクター・岸本拓朗(眞栄田郷敦)とある事件の冤罪疑惑を追う中で、一度は失った〝自分の価値〟を取り戻していく姿を描いている。

私自身が元局アナであり、報道キャスターとして冤罪事件を追っていたこともあってか、テレビの制作現場ってあんな感じなの?　と、聞かれることが多かった。冤罪事件のパートについては、私自身も実際に取材をしていた現実の事件をベースにしたフィクションだが、かなりの男性中心組織として描かれたテレビ局の描写は、なかなかリアルでドラマとはいえ胸がザワつくシーンも多かった。

さすがにドラマのようにプロデューサーから「ばばあ」と呼ばれるようなことはなかったけれど(陰ではわからないけど)、現実的にテレビ業界、特に番組制作現場に女性が少ない状況は続いている。数年前までは10人ほどの報道番組の打ち合わせで、女性はＭＣの私一人という状況は珍しくなく、むしろ日常の風景だった。

そんな中、２０２２年夏、日本民間放送労働組合連合会（民放労連）の委員長に、結成以来初となる女性委員長が就任した。フジテレビ　ニュース総局メディア・ソリューション部の岸田花子さんである。１９９５年にフジテレビ入社。技術局のカメラオペレーターなどを経て、現在はライブ番組のインフラ整備を担当している。

女性として初の民放労連委員長就任、素晴らしいですねと祝辞を贈ると、岸田さんは「いやいや」と苦笑いをしながら、「労組の委員長はタフな仕事なのでなり手がいないんですよ。火中の栗を拾ったっていう感じ」と謙遜した。岸田さん自身、入社当時は労働組合にまったく関心がなかったそうだ。テレビ局はあまり労働者としての権利意識が強くない人たちが多いと話す岸田さんが労働組合に初めて関心が向いたきっかけは、長女の妊娠・出産だったという。

「入社後最初の仕事はカメラマンでそれこそ女一人でした。制作技術の社員としては最初の女性カメラマンで、２人目はいまだにいないんです。主に『ＦＮＳ歌謡祭』や、『HEY!HEY!HEY! MUSIC CHAMP』などの音楽番組や格闘技中継などを担当して、周りのスタッフにも恵まれてとても楽しかった。

ところが入社から4年経って結婚した後に異動を命じられて、制作の最前線から離れることになりました。異動の後に上司から『これから子どももできるし大変だろうと思って』という旨を言われましたが、今思えば結婚しても異動を望んでいなかったことを、日ごろからはっきりと伝えるべきだったと思っています」

2年間にわたる不妊治療の結果、無事長女を出産して仕事に復帰した岸田さんは、女性上司からショッキングなことを言われた。

「私の考課を担当する女性の先輩が、上から岸田の査定はもっと低くしろと言われたと。時短勤務だからという理由です。後々それが影響して昇進も同期より遅くなりました。その女性上司は上層部に私がきちんと時間内でパフォーマンスを上げていると説得しようとしてくれたのですがダメでした。

その経験がきっかけでしたね。労組に入って、時短を理由に評価を下げるのは違う、時間の積み上げではなく成果で評価すべきだと訴えて、今では人事部が考課担当者に時短を理由に評価を下げないよう、指導するようになりました。

子育てを妻に任せてきた男性が意思決定層に多い組織だと、どうしても出産・育児は『女性だけ』の問題と捉えられてしまう。でも今の若い男性社員には育休を取りたいと

	フジテレビ	東京MX	読売テレビ	朝日放送テレビ	毎日放送	テレビ大阪	関西テレビ
	27.1%	25.2%	21.6%	20.0%	18.8%	23.6%	24.7%
	0.0%	6.3%	5.9%	0.0%	0.0%	0.0%	5.3%
	12.5%	12.5%	15.4%	21.4%	0.0%	0.0%	8.3%
	21.9%	40.0%	19.6%	20.0%	23.9%	7.7%	22.9%
	0.0%	0.0%	0.0%	0.0%	0.0%	0.0%	0.0%
	12.8%	30.4%	17.2%	14.3%	17.3%	10.0%	14.1%
	0.0%	0.0%	0.0%	0.0%	0.0%	0.0%	0.0%
	28.7%		9.1%	33.3%			
	0.0%		0.0%				
	4.4%		0.0%	4.8%	10.0%	16.7%	5.3%
	0.0%		0.0%	0.0%	0.0%		0.0%
	16.5%	22.2%	不明	8.7%	10.5%	9.7%	不明

いう声も多くなって変わってきました。男性でも女性でも同じように育児の時期はあるし、介護もあるという前提で環境整備ができたらいいですよね」

　そこで壁となっているのが、テレビ局の意思決定層に圧倒的に女性が少ないことだ。

「２０２２年の民放労連の調査では、在京・在阪のテレビ局で、コンテンツ制作部門の最高責任者に女性は一人もいません」

　局長などに女性がなるのは広報やＩＲといった部門が多く、制作や編成の最高責任者には女性がいない。

図表23 各テレビ局の女性比率

		日本テレビ	テレビ朝日	TBSテレビ	テレビ東京
全社	社員	25.7%	22.9%	21.8%	26.4%
	役員	0.0%	13.0%	4.5%	12.5%
	局長	9.1%	23.1%	24.1%	5.0%
報道部門	社員	32.4%	22.1%	26.8%	13.6%
	最高責任者	0.0%	0.0%	0.0%	0.0%
制作部門	社員		15.1%	19.3%	11.4%
	最高責任者		0.0%	0.0%	0.0%
情報制作部門	社員	26.7%		21.0%	
	最高責任者	0.0%		0.0%	
スポーツ部門	社員	15.8%	15.9%	12.5%	19.1%
	最高責任者	0.0%	0.0%	0.0%	0.0%
女性管理職比率		16.4%	16.2%	13.2%	不明

出典:2022年7月民放労連調査　民放テレビ局・ラジオ局女性割合調査報告

「エルピス」に出てくるテレビ番組「フライデー☆ボンボン!!」で、若くて可愛い女性たちを「ボンボンガール」に選び、制作現場の男性陣が眺めて喜んだり、お酒の場に誘ったりするのはなかなかのリアルである。

これは私の経験だが、メインキャスターになれない時代が長かった。数人の男性メインキャスターの隣に座って6年ほど経った頃、「私もいつかメインキャスターになれるでしょうか」とスタッフに相談したことがある。その時に「女はオバサンにならなきゃ無理だ」と言われた。「長野はまだオバサンになれていない。ニュースを観る男は、若い女にメインでニュースを読まれても説得力を感じないんだよ」と。男性ばかりの制作現場にあって、女から生意気なことを言われたくない、オバサンはもう女ではないから良い、ということなのか。私がメインキャスターを務めることができたのは47歳だった。あれから時が経ち、テレビが若い視聴者層をメインターゲットに変えたことも背景にあるのか、今では若い女性アナウンサーがメインキャスターとして活躍するのがごく普通になっている。いずれにしても、テレビの現場でこうした男性組織特有のステレオタイプを感じることは多い。

岸田さんは指摘する。

「男性が極端に多いなどコンテンツ制作現場における多様性がないと、意思決定は多様な視点を欠いてしまい、視聴者の感覚と離れるリスクや炎上のリスクが高くなる傾向があります。今の偏りある意思決定層の人員構成による『同質性のリスク』を減らすことはテレビ業界の課題だろうと思います」

過酷な自然災害の現場や、危険な紛争地帯で取材をしたり、夜討ち朝駆けで情報を得たりするマッチョな業務には男性が向いているという判断もあるだろう。報道に限らず、ドラマ、バラエティなどの制作現場も時間が不規則でハードな労働環境が多いために、結婚、出産、育児というライフステージの変化によって女性が働き続けることが難しいというテレビならではの事情もある。

10年ほど前にテレビ局の入社試験の面接官を担当した人から「優秀な人を採ると全員女性になっちゃうから、女性は3割くらいに抑えるようにと上から指導された」と聞いたこともある。他の業界でもよく聞く話だが、入り口で男性の数が多くなるように採用してきた現実もあるのだ。視聴者、特に若い世代のジェンダー意識が変わってきているにもかかわらず、コンテンツ制作現場の意思決定層が男性によって占められることで、時代錯誤な発言やステレオタイプを発信したり、とんちんかんなジェンダー観をテーマにしたCMでニュース番組が大炎上したりというテレビ局にとって有益でない事例が起きる。岸田さんの懸念する「同質性のリスク」はすでに現実となっているのだ。ちなみに全国民放テレビ局の72・4%で女性役員はゼロである（民放労連調査より）。

「ただ、ここ数年ですが、新卒採用は女性が4〜5割ほどになったんですよ。このままいけば30年後には役員の半分が女性になるかな。でもそれじゃ遅いですよね。

女性の新卒採用が増えた背景としては、性別での差別をせずに優秀な人を選んだ結果だと思います。２０１８年に起きた東京医科大学における不正入試問題*の影響も少なくなかったと思います。それを報道する立場ですしね。あとは、東京五輪・パラリンピック組織委員会の森喜朗会長（当時）の発言も、女性蔑視がいけないことだという認識を

図表24 各メディア会社の採用者数（2020年8月〜2021年7月）

		回答社	ラジオ・テレビ兼営社	中・短波単営社	FM単営社	テレビ単営社	衛星放送社
新規学卒者		525人（132社）	83人（26社）	14人（7社）	18人（11社）	389人（81社）	21人（7社）
	男性	281人	48人	3人	8人	213人	9人
	女性	244人	35人	11人	10人	176人	12人
既卒者		9人（8社）			5人（4社）	4人（4社）	
	男性	7人			4人	3人	
	女性	2人			1人	1人	
第二新卒者		7人（6社）	1人（1社）	1人（1社）	1人（1社）	1人（1社）	3人（2社）
	男性	3人			1人	1人	1人
	女性	4人	1人	1人			2人
中途採用者		173人（77社）	20人（15社）	10人（5社）	10人（10社）	115人（41社）	18人（6社）
	男性	128人	16人	10人	6人	84人	12人
	女性	45人	4人		4人	31人	6人
採用者数		714人（151社）	104人（28社）	25人（8社）	34人（20社）	509人（87社）	42人（8社）
	男性	419人	64人	13人	19人	301人	22人
	女性	295人	40人	12人	15人	208人	20人

出典：『日本民間放送年鑑2022』

より高めるきっかけになったと思います」

2021年2月、東京オリパラ組織委の森会長が「女性がたくさん入っている理事会は時間がかかる」と発言。ジェンダー平等を掲げるオリンピック・パラリンピック開催国としてふさわしくない発言だと炎上した。それを受けてIOCも「IOCのコミットメントとオリンピックの改革と矛盾している」と表明して森会長が辞任、代わって橋本聖子氏が就任した騒動である。

「当時、民放労連の女性協議会副議長として、『(組織委員会だけでなく)メディアも女性蔑視に無自覚ではいけない』との危機感を訴えました。メディアの意思決定層に女性が少ないことがジェンダーに偏りのある情報発信を生んで、アンコンシャス・バイアス(無意識の偏見)が視聴者に波及するおそれがあるからです」

岸田さんの話を聞いていると、若い人たちにテレビを見てもらいたいと言いながら、コンテンツ制作の現場では多様な価値観や若い世代の声が反映されづらいというテレビ業界の自己矛盾さえ感じてしまう。

＊不正入試問題……息子を東京医科大学に裏口入学させたとして、文部科学省科学技術・学術政策局の局長が逮捕された。その事件をきっかけに、全国の複数の医学部で女性受験者を作為的に減点していた事実が発覚した問題

「そもそも日本民間放送連盟（民放連）の役員44名、オール男性なんですよ。責任あるメディアの業界団体として少なくとも3割は女性登用をしてほしいと申し入れをしていますが、地方持ち回りで各局の会長・社長が就任するような仕組みを変えない限り、なかなか変わらない。

おじさん支配の中で、女性や若手世代の声が反映されない。持っている力やポテンシャルを発揮できていないのがもどかしいです。賃金も含めて働き方や環境をよくするための体制づくりを目標に、少しでも魅力ある企業、入りたい業界になるように労働組合の立場からなんとか頑張りたいと思っています」

第4章でも取り上げた「クオータ制を実現するための勉強会」もそうだが、取材をしてくれるのはほとんどが女性記者だ。男性が多くを占める政治部ではこのテーマの優先順位がことのほか低いと感じている。世界中の価値観が大きく変動する時代に、世論に大きな影響を持つメディアが同質的であるがために、「女性議員が少なすぎる国会」に問題意識を持たない現状は、いつまでも変わらない日本を象徴しているように感じてならない。岸田さんは「視聴者のニーズに応えるコンテンツ制作現場こそ多様性が必要」だとして声を上げていくという。実に頼もしい存在だ。

ドラマ「エルピス」で描かれた世界はもちろんフィクションであるけれど、テレビ業界で生きてきた自分が見ると胸がザワつくようなリアルも混在する。プロデューサーの佐野亜裕美さんが「当初どこに脚本を持っていっても通らなかった」と言うのも、その絶妙すぎる虚実ないまぜの物語ゆえだろう。ちりばめられているリアルは、セクハラやパワハラ描写にとどまらず、政治、警察、テレビ、裁判所など男性権力者が固めている組織において、びっしりと根を生やしている忖度《そんたく》や無言のルール、その中でうまく立ち回れない女性アナウンサーと若い男性社員の姿だ。

エルピス（Elpis）とは、古代ギリシャ神話で様々な災厄が飛び出したとされる「パンドラの箱」に残された、「希望」あるいは「災い」の兆候のことだという。「エルピス――希望、あるいは災い――」という不思議なタイトルが、昭和から岩盤のように立ちはだかるオールドボーイズクラブ的同質組織に馴染めず、閉塞感を感じて病みながらも、自らの価値観を貫こうと立ち上がる主人公2人の存在を伝えているのであれば、そこに日本のメディアが変わる答えがあるのかもしれない。

在京キー局初の女性社長

この数年でテレビ以外のメディアで起きた変化についても目を向けてみたい。民放労連委員長の岸田さんもフジテレビだが、偶然にも同じフジサンケイグループであるニッポン放送の社長に女性が就任したのは2019年のことだ。テレビ・ラジオを含めた在京キー局で女性初の社長となった檜原麻希《ひわらまき》さんである。

檜原麻希氏——1985年慶應義塾大学卒業後、ニッポン放送入社。2009年デジタル事業局長、2011年編成局長、2015年取締役編成局長、2016年営業担当取締役、2018年常務取締役。コンテンツビジネスやインターネット放送などラジオと通信の融合を進める。2019年より在京キー局初の女性社長に就任。

檜原社長が就任してからのニッポン放送の躍進は凄まじい。それまでラジオ業界と言えばTBSラジオが首位を独走し、檜原社長就任時の2019年もニッポン放送は聴取率を大きく離されて3位が定位置であった。ところが、就任から3年が経った2022年8月、10月、12月。さらに2023年2月とニッポン放送が4期連続で首位を奪還。radiko（ラジコ）の聴取時間は19年に比べて約2倍になり、月間ユニークユーザー（サービス利用者）数は35％伸びたのである。いったいニッポン放送に何があったのか。

2023年3月檜原社長に話を聞いた。

「聴取人数、聴取時間が大きく伸びた背景には、コロナ禍にあってもラジオへのアクセス数は変わらずキープできていたことに加えて、radikoがメディアツールとしてより浸透してきたという背景があると思います。ニッポン放送としては、就任してから組織改革をして、かなり風通しがよくスピーディーな決断のできる組織にしたことが大きな変化かと」


檜原社長の組織改革とは、「コンテンツプロデュースルーム」の創設だ。開局以来65年間の歴史があった編成局や営業局を改称。コンテンツプランニング局（編成局）とコンテンツビジネス局（営業局）の両方に、番組制作プロデューサーが所属するかたちに変えたのである。それまで番組を企画・制作するだけで、収益にコミットしてこなかったプロデューサーにとって、収益を上げることも明確なミッションとなるわけだ。

「時代も変わって、制作現場はみんなＳＮＳを駆使して情報共有しているから早いわけじゃないですか。それなのに会社だけは常に各部署を上まで通さないと何も決まらないという。営業がスポンサーからとってきた新規案件を通すために、社内のあちこちに頭を下げるわけですよ。調整にやたらと時間がかかって、結果できあがったものが面白くないなあ、みたいな。せっかくの営業活動をブロックしているわけですよね。この縦割りをなくしたら、番組プロデューサーがスピーディーに営業企画を番組に馴染むように、面白くおとしこむことができるわけです。プロデューサーからスポンサーにこんな風にしたら面白くなりますよって再提案もできる。これは私自身が編成局、営業局と担当してきて、絶対に必要だと感じていたので、社長就任直後にすぐ手をつけました」

この組織改革によって、打ち合わせなど社内調整の手間も省かれて意思決定がスムーズに行われるようになった。営業担当も番組プロデューサーと直接相談できるので効率的に動ける。営業案件に情熱のこもった作り手の思いをよりスピーディーに反映できると社員の間でも好評だ。この檜原流改革の評判はあっという間に業界に広がり、今では他局も取り入れるようになってきたという。

「組織にしても慣習にしても、考えてみたら何でこんなことやってるんだっけ、って結構あるんですよ。コンテンツ・ファーストで考えると縦割りは非効率。部署名に『コンテンツ』と付けたのも、コンテンツ重視を社員に強く意識してもらう意図からです」

檜原社長にとって、ラジオの命は「コンテンツ」。営業担当役員だった時に、最も疑問に感じたのが、「なぜ「オールナイトニッポン」のセールスをしていないのか」ということだった。

「「オールナイトニッポン」はニッポン放送のコンテンツの中で最も多くの人に知られているし、オープニングの「ビタースウィート・サンバ」が流れれば、あーってなる。ニッポン放送のブランド番組なのに営業していないんですよ。何故か、って聞いたら深夜枠は売れないとか、全国ネットだから東京分の利益を地方に分配しなきゃならなくて得にならないとか、色々言うんだけど、単純なことでただ慣習に囚われているだけ。

ベテランになるほど慣習というものに凄く囚われてね。それぞれのプライドとか領域みたいなことを守っているとクロスオーバーにならないんです。だから『なぜオールナイトニッポンは50年続いたのか、その理由』みたいな解説書を作りまして。トップがこういう理由でやればいいというのを伝えると、みんなそうした慣習をパッと乗り越える。生放送はお金がかかるとか反対の声もあったけれど、深夜に生放送をやっていた方が何か災害が起きたときにも対応が速いと言って、『オールナイトニッポンZERO』を本格的にスタートさせました」

すると、テレビプロデューサーの佐久間宣行氏などユニークなキャスティングが評判となり提供会社も増えてくる。２０２３年2月には歴代の豪華パーソナリティによる番組55周年記念「オールナイトニッポン55時間スペシャル」が大反響を呼んだ。さらにはコロナ禍で比較的エンターテインメント業界が静かな時期に、昼間・夕方の帯に辛坊治郎さん、ナイツなど人気パーソナリティを据える番組改編を進めることで聴取率も改善してゆく。

「(社長になったのは) ＳＤＧｓなど女性登用の機運や時代性もあるかもしれません。その時点では女性がそもそも少ないし。でも私としては仕事の正当な評価として登用されたと考えたいけど (笑)。

メディアはＳＤＧｓとか報道している立場でありながら、組織そのものの仕組みがすごく原始的というか、コンサバティブ (保守的) なところがあるんです。特に放送事業は免許制で競争もインターネット出現以前は少なく余裕もあったし、儲かっていたこともあって変革する必要もなかったかもしれない。仕事はハードでも待遇も悪くないし、楽しく派手な世界というところでやってきた業界だからね。それがここ20年くらいかな、広告ビジネスが厳しくなってきて転換期になった。いよいよ思い切って変革しないとダメだよねと」

ラジオに限らず、日本のマスコミは海外取引がメインの企業と異なり、国内だけで勝負できたので、より保守的な男性中心組織が続いたといえる。

檜原社長が就任して3年後の2022年7月の定期人事異動では、女性管理職の割合が11・54%から17・87%と増加した。

「別に女性だからというわけではなく、適材適所で評価をしたらそうなったというか。コンテンツ制作というのはタイムパフォーマンスで測るのも難しくて、これまでは同じ能力の男女なら、長く続くからと男性を起用してきたところもあるだろうし。定期昇給も女性が男性より遅れているのは肌感覚としてありました。産休をとって復職するまでをロスというけど、それは本当のロスではないと思うのね。そこは性別に関係なく、ちゃんとやっている人を評価すべきだと。女性社員は少ないし、男女ともにライフステージごとで働きやすく継続できる労働環境整備はまだまだ必要だと思います」

インタビュー後、檜原社長が社内を案内してくれたのだが、こう言っては失礼なのだけど、社長っぽさがまったくないことに驚く。壁がなく開放的な制作フロアを歩いていても、社員が気を遣って挨拶をしてくるということもない。

「みんな、私がウロウロするのに慣れてるのよ」と気にもとめない社長は、フリーアドレスのテーブルにちょこんと座って時間の空いたスタッフたちと世間話をしたりする。

「イラついてる人も多いと思う。社長はこうあるべきみたいなものと全く違うと思うので。威厳がないのよ。肩書きもなくしたいくらい。オーナー企業なら別だけど、サラリーマンで雇われ社長なわけだし。大企業に比べたらうちは「下町ロケット」みたいなものだから、チーム感を大切にしたいなと思ってます。フラットにね」

社員に話を聞いてみると、以前のような上下関係に厳しい体育会系な空気からかなり雰囲気が変わったという。社長が社内を歩いていれば気軽に声をかけることもできるし、悩み相談にものってくれる。共感力が社長から伝わってきて、仕事に自信を持って臨めるようになったという女性スタッフもいた。

新しい時代のリーダー像

檜原社長を見ていると、ハーバード・ケネディスクールの上級講師であるロナルド・A・ハイフェッツ氏らが提唱する「アダプティブ・リーダーシップ」という言葉が思い浮かぶ。これまでの「権威型リーダーシップ時代」から変わり、今求められるのは「適応型リーダーシップ」であるという提議だ。

昭和に代表される右肩上がりの経済では、ある程度未来が予測可能だ。予算や売上などの目標も前年踏襲によってある程度予測ができるため、リーダーからの上意下達の指示命令に従わせるトップダウン型のリーダーシップの方が、迅速に業績を上げることができた。しかし、**今は変化が著しく予測不可能な「不確実性の高い時代」である。このため、絶対的な一人のリーダーによる意思決定によって突き進むことはリスクとなる。**
また、SDGsやESG投資の概念が主流となったことで、企業の存在意義もいかに売上、利益を上げて経済的価値を向上させるかだけではなくなり、企業が世の中にどのような社会的貢献をしているのかという意義を、消費者からも従業員からも求められる時代に変わってきた。

こうした背景にあって求められるリーダーシップは、上意下達の「権威型」ではなく、目的を共有した「チーム」としてメンバーの多様な考えや意見を引き出し、個々人の価値を最大化することによって成果を導く「アダプティブ・リーダーシップ」に変わってきているとハイフェッツ氏らは述べている（ロナルド・A・ハイフェッツ／マーティ・リンスキー著　野津智子訳『［新訳］最前線のリーダーシップ　何が生死を分けるのか』英治出版）。

組織の縦割りを解消して、コンテンツ制作にスタッフの能力を最大限反映させる組織改革をするなど「チーム感」を大切にする檜原社長の手法は、まさに時代に合った「アダプティブ・リーダーシップ」に当てはまるといえる。

「メディアの世界は男社会でピラミッド型の組織が多いかもしれません。でも私は女性であるかどうかは関係なく、自分らしさをどう仕事にアジャストしていくかが重要なのではないかと思う。そして自分のポリシーを周りに認めてもらえるまで努力をしていかなくてはなりません」

失敗したら、やり方を変えればいいだけ。反対や壁はもちろんあるけど、それは泣きながら乗り越えるのよ、と笑う檜原社長。

「やっぱり日本の社会ってなるべく綺麗事で済ましたいというか。軋轢を生みたくないっていうのはすごくあると思うけど、いや、それはそもそも軋轢ではないんじゃないですかってこちらから伝えて話し合うことで、意外とスムーズに変えられると思っています」

在京キー局初の女性社長となった檜原麻希さんは、肩肘をはらず、実に自然体で社員の中に溶け込んでいた。5歳からイギリスやフランスで生活し、母国語もわからないまま日本に帰国して苦労したこともあるという檜原社長は、どこに行っても自分が「マイノリティ」であると自覚しながら、そのつど多彩な文化や価値観に合わせて生きてきたという。そうした経験からも、「自分らしさ」をどう環境にアジャストするかという問いかけに意識的であるのかもしれない。既存の常識や慣習に対して合理的でないと判断したら、自分のポリシーを貫いて周りに認めてもらう忍耐強さも豊富な海外体験によって育まれたものなのだろう。そして実行された変革は確実に結果に繋がっている。

まさに檜原社長は、男だからとか女だからというのではなく、「変革が必要な局面での放送メディア社長」として適材だったのだと思う。「自分らしさ」という言葉に象徴されるとおり、今求められるのは、性別や属性によって役割を決めつけられたり、門戸を狭められたり、はじかれたりすることなく、個々人の能力が適材適所で最大限に発揮できる社会の仕組みなのではないだろうか。

民放テレビ局・ラジオ局女性割合調査報告

2022年7月14日
民放労連女性協議会

■調査の目的
全国・在京・在阪の民放テレビ局の社員および意思決定層の女性比率を調査し、男女比という点でダイバーシティの実現度を明らかにする。

■調査対象
全国の民放テレビ局127社　民放ラジオ局98社（テレビ放送兼営31社、ラジオ単営67社）

■調査期間
2021年4月～2022年3月の任意の時点

■調査方法

・一部発表があるものについては会社のＨＰや就職サイトのデータを使用した。そのほかは各社労働組合員が独自に調査した数字を記載した。

・「役員」に監査役は含む、顧問、執行役員は含めなかった。

全国の民放テレビ局・ラジオ局の女性役員割合

■テレビ局

１２７社の役員総数１８１４名　女性役員総数42名　女性役員割合の平均２・２％

女性会長１社（岐阜放送）　女性社長２社（新潟テレビ21、石川テレビ）

女性役員数（１２７社中）

　女性役員０名　92社（全体の72・４％）

　女性役員１名　30社

　女性役員２名　３社

　女性役員３名以上　２社

■ラジオ局

98社の役員総数1073名　女性役員総数32名　女性役員割合の平均3・3％
女性会長2社（岐阜放送、広島エフエム）　女性社長2社（ニッポン放送、エフエム石川）
女性役員数（98社中）
　女性役員0名　72社（全体の73・5％）
　女性役員1名　21社
　女性役員2名　4社
女性役員3名以上　1社

図表25 全国の民放テレビ局127社の女性役員割合

	日本テレビ系列	テレビ朝日系列	東京放送系列	フジテレビ系列	テレビ東京系列	独立
北海道	札幌テレビ放送 STV 0.00%	北海道テレビ HTB 0.00%	北海道放送 HBC 0.00%	北海道文化放送 UHB 0.00%	テレビ北海道 TVh 0.00%	
青森	青森放送 RAB 0.00%	青森朝日放送 ABA 7.10%	青森テレビ ATV 0.00%			
岩手	テレビ岩手 0.00%	岩手朝日テレビ IAT 0.00%	岩手放送 IBC 0.00%	岩手めんこいテレビ 8.30%		
宮城	ミヤギテレビ MMT 7.70%	東日本放送 KHB 0.00%	東北放送 TBC 0.00%	仙台放送 0.00%		
秋田	秋田放送 ABS 0.00%	秋田朝日放送 AAB 0.00%		秋田テレビ AKT 0.00%		
山形	山形放送 YBC 0.00%	山形テレビ YTS 0.00%	テレビユー山形 TUY 0.00%	さくらんぼテレビ 7.70%		
福島	福島中央テレビ FCT 0.00%	福島放送 KFB 0.00%	テレビユー福島 TUF 0.00%	福島テレビ FTV 6.30%		
東京	日本テレビ 0.00%	テレビ朝日 13.00%	東京放送TBSテレビ 4.50%	フジテレビ 0.00%	テレビ東京 12.50%	東京メトロポリタンTV MX 6.30%
埼玉						テレビ埼玉 14.30%
千葉						千葉テレビ 0.00%
神奈川						テレビ神奈川 5.00%
栃木						とちぎテレビ 0.00%
群馬						群馬テレビ 4.50%
山梨	山梨放送 YBS 0.00%		テレビ山梨 UTY 0.00%			
新潟	テレビ新潟 TeNY 0.00%	新潟テレビ21 UX 8.30%	新潟放送 BSN 0.00%	新潟総合テレビNST 0.00%		
長野	テレビ信州 TSB 0.00%	長野朝日放送 abn 0.00%	信越放送 SBC 0.00%	長野放送 NBS 0.00%		
富山	北日本放送 KNB 0.00%		チューリップテレビ 0.00%	富山テレビ放送 5.60%		

石川	テレビ金沢 0.00%	北陸朝日放送 HAB 0.00%	北陸放送 MRO 0.00%	石川テレビ放送 ITC 6.70%		
福井	FBC 福井放送（クロスネット）0.00%			福井テレビ 0.00%		
愛知	中京テレビ 0.00%	名古屋テレビ メ〜テレ 0.00%	中部日本放送 CBC 0.00%	東海テレビ THK 0.00%	テレビ愛知 0.00%	
岐阜						岐阜放送 7.10%
三重						三重テレビ放送 0.00%
静岡	静岡第一テレビ 0.00%	静岡朝日テレビ 0.00%	静岡放送 SBS 16.70%	テレビ静岡 0.00%		
大阪	読売テレビ ytv 5.90%	朝日放送 ABC 0.00%	毎日放送 MBS 0.00%	関西テレビ放送 KTV 5.30%	テレビ大阪 TVO 0.00%	
京都						京都放送 0.00%
滋賀						びわ湖放送 0.00%
奈良						奈良テレビ放送 0.00%
和歌山						テレビ和歌山 0.00%
兵庫						サンテレビジョン 7.10%
鳥取 島根	日本海テレビ 8.30%		山陰放送 BSS 18.20%	山陰中央テレビ TSK 7.70%		
岡山 香川	RNC西日本放送 0.00%	瀬戸内海放送 KSB 0.00%	山陽放送 RSK 0.00%	岡山放送 OHK 0.00%	テレビせとうち TSC 6.30%	
広島	広島テレビ放送 14.30%	広島ホームテレビ 0.00%	中国放送 RCC 0.00%	テレビ新広島 TSS 0.00%		
山口	山口放送 KRY 8.30%	山口朝日放送 yab 0.00%	テレビ山口 tys 7.70%			
徳島	四国放送 JRT 0.00%					
愛媛	南海放送 RNB 0.00%	愛媛朝日テレビ eat 5.00%	あいテレビ itv6 0.00%	テレビ愛媛 EBC 0.00%		

	日本テレビ系列	テレビ朝日系列	東京放送系列	フジテレビ系列	テレビ東京系列	独立
高知	高知放送 RKC 0.00%		テレビ高知 KUTV 0.00%	高知さんさんテレビ 0.00%		
福岡	FBS福岡放送 0.00%	九州朝日放送 KBC 0.00%	RKB毎日放送 9.10%	テレビ西日本 TNC 0.00%	TVQ 九州放送 0.00%	
佐賀				佐賀テレビ sts 0.00%		
長崎	長崎国際テレビ NIB 5.00%	長崎文化放送 ncc 0.00%	長崎放送 NBC 0.00%	テレビ長崎 KTN 0.00%		
熊本	くまもと県民テレビ KKT 7.10%	熊本朝日放送 KAB 0.00%	熊本放送 RKK 0.00%	テレビ熊本 TKU 0.00%		
大分		大分朝日放送 OAB 0.00%	大分放送 OBS 0.00%	TOSテレビ大分 (クロスネット) 6.30%		
宮崎			宮崎放送 mrt 0.00%	UMKテレビ宮崎 (クロスネット) 0.00%		
鹿児島	鹿児島読売テレビ KYT 0.00%	鹿児島放送 KKB 5.60%	南日本放送 MBC 7.70%	鹿児島テレビ放送 KTS 0.00%		
沖縄		琉球朝日放送 QAB 8.30%	琉球放送 RBC 0.00%	沖縄テレビ OTV 0.00%		

図表26 全国の民放ラジオ局98社の女性役員割合

	FM		AM	
北海道	エフエム北海道	0.00%	北海道放送 HBC	0.00%
	エフエム・ノースウェーブ	27.30%	STVラジオ	0.00%
青森	エフエム青森	0.00%	青森放送 RAB	0.00%
岩手	エフエム岩手	0.00%	岩手放送 IBC	0.00%
宮城	エフエム仙台	10.00%	東北放送 TBC	0.00%
秋田	エフエム秋田	0.00%	秋田放送 ABS	0.00%
山形	エフエム山形	0.00%	山形放送 YBC	0.00%
福島	エフエム福島	0.00%	ラジオ福島	0.00%
東京	エフエム東京	0.00%	TBSラジオ	0.00%
	J-WAVE	5.60%	文化放送	0.00%
	InterFM897	0.00%	日経ラジオ社	0.00%
			ニッポン放送	11.10%
埼玉	FM NACK5	11.10%		

千葉	ベイエフエム	0.00%		
神奈川	横浜エフエム放送	0.00%	RFラジオ日本	16.70%
栃木	エフエム栃木	0.00%	栃木放送	0.00%
茨城			茨城放送	14.30%
群馬	エフエム群馬	6.70%		
山梨	エフエム富士	0.00%	山梨放送 YBS	0.00%
新潟	エフエムラジオ新潟	15.40%	新潟放送 BSN	0.00%
長野	長野エフエム放送	0.00%	信越放送 SBC	0.00%
富山	富山エフエム放送	11.10%	北日本放送 KNB	0.00%
石川	エフエム石川	6.30%	北陸放送 MRO	0.00%
福井	福井エフエム放送	0.00%	FBC 福井放送	0.00%
愛知	エフエム愛知 ZIP-FM	0.00% 0.00%	CBCラジオ 東海ラジオ放送	0.00% 0.00%
岐阜	エフエム岐阜	0.00%	岐阜放送	7.10%
三重	三重エフエム放送	0.00%		
静岡	静岡エフエム放送	0.00%	静岡放送 SBS	16.70%
大阪	エフエム大阪 FM802	0.00% 0.00%	朝日放送ラジオ 大阪放送 MBSラジオ	0.00% 25.00% 16.70%
京都	エフエム京都	0.00%	京都放送	0.00%
滋賀	エフエム滋賀	6.70%		
和歌山			和歌山放送	0.00%
兵庫	兵庫エフエム放送	16.70%	ラジオ関西	10.00%
鳥取 島根	エフエム山陰	0.00%	山陰放送 BSS	18.20%
岡山	岡山エフエム放送	0.00%	山陽放送 RSK	0.00%
香川	エフエム香川	0.00%	RNC西日本放送	0.00%
広島	広島エフエム放送	10.00%	中国放送 RCC	0.00%
山口	エフエム山口	0.00%	山口放送 KRY	8.30%
徳島	エフエム徳島	0.00%	四国放送 JRT	0.00%
愛媛	エフエム愛媛	0.00%	南海放送 RNB	0.00%
高知	エフエム高知	0.00%	高知放送 RKC	0.00%
福岡	エフエム福岡 CROSS FM ラブエフエム国際放送	0.00% 0.00% 0.00%	RKB毎日放送 九州朝日放送 KBC	9.10% 0.00%
佐賀	エフエム佐賀	0.00%		
長崎	エフエム長崎	0.00%	長崎放送 NBC	0.00%
熊本	エフエム熊本	9.10%	熊本放送 RKK	0.00%
大分	エフエム大分	0.00%	大分放送 OBS	0.00%
宮崎	エフエム宮崎	0.00%	宮崎放送 mrt	0.00%
鹿児島	エフエム鹿児島	0.00%	南日本放送 MBC	7.70%
沖縄	エフエム沖縄	12.50%	琉球放送 RBC ラジオ沖縄	0.00% 16.70%

在京・在阪の民放テレビ局女性割合

■主な調査結果

・在京キー局（5社）中、女性役員ゼロは2社、女性局長ゼロは0社だった。

・在阪準キー局（4社）中、女性役員ゼロは2社、女性局長ゼロは1社だった。

・在京・在阪局ともに、報道部門、制作部門、情報制作部門の局長には女性はひとりもいない。

■データについての注釈

・「局長」をカウントしたのは「局」の最高責任者のみ。組織的に会社の直下にある室、事務局、部、の最高責任者についてはカウントしなかった。

・読売テレビの「社員」には特別嘱託、シニアスタッフ、出向者を含まない。

・朝日放送テレビの集計は、出向受入、嘱託（常勤）、契約社員、再雇用者、嘱託を除く。

・テレビ大阪の「社員」には出向者を含まない。

・報道部門、制作部門、情報制作、スポーツ部門については、主に現場で制作する部署を調査対象とし、管理部門を除いた。

・報道部門、制作部門、情報制作、スポーツ部門の最高責任者は、独立した局であれば局長、独立した局でない場合、その組織の最高責任者（基本的には1〜2名）の数を集計した。

・社によっては、報道、制作、情報制作、スポーツが併合された組織の場合がある。

・参考：NHKは、社員女性割合発表なし　役員（会長・副会長・理事）12名中女性1名（8・3％）、女性管理職割合発表なし。

おわりに

2023年6月、フジテレビが民放キー局初となる女性報道局長の就任を発表しました。フジテレビといえば、3月に「男性育休100%宣言」にキー局として初めて賛同したというニュースも報じられています。小室淑恵さんが代表を務めるワーク・ライフバランス社が推進する「男性育休100%宣言」は、文字通り男性社員の育児休業取得を促進する目的で、これまで100を超える企業が賛同しています。港浩一新社長のもと、いよいよフジテレビも働き方改革を進め、ワークライフバランスを充実させていくとのこと。女性報道局長就任も含めてついにフジテレビも変わってきたのかと隔世の感です。

私が働いていた時代のテレビ業界は仕事が趣味というタイプが多く、仕事以外の時間も仕事のための情報収集や夜遊びに割くばかりでおよそ家庭の匂いのしない人ばかり。「ワークライフバランス」なんて別の惑星の言葉のようなイメージでした。しかしテレビ局も一企業として成長や人材確保を睨んだときに、改革は避けられない時代になったということでしょう。
「男性育休100%宣言」は単に男性社員に育休を推奨するだけではなく、女性が抱える「チャイルド・ペナルティ」を解消し、女性労働者も安定的に仕事を継続できるようにしてゆくという宣言だと思います。多くの企業が賛同することによって、男女の賃金格差の是正、あるいは同一労働・同一賃金の整備に繋げていくことは少子化対策にとっても重要です。

予算や売上などの目標が前年踏襲によってある程度予測ができる時代から、グローバル化やテクノロジーの進化によって、今のビジネスモデルが翌年には通用しなくなっているかもしれない「不確実性の高い」時代に変わりました。各国の企業は「ジェンダー」「環境」「ウェルネス」などこれまで未開拓だった分野にどれだけ早く進出するか、多様化する人々のニーズ、社会課題にどれだけピンポイントにリーチできるかにしのぎを削っています。

人口が減少していく日本にあって、意思決定層や研究・開発分野がこれまでのように男性中心の同質的組織では視野に限界があり、次に打つべき手がなかなか見つからない状態に陥ってしまうケースも多いはずです。今や世界において、政治・経済両分野にこれまで以上に多様性を取り入れることは、ジェンダー平等という理念のみならず、新たなアイデアの獲得や市場を開拓するための突破口となっているのです。そして、既存の男性中心組織に、出産・育児などライフステージによって大きな変化を抱える女性が参入するなど多様性を取り入れることで、より当事者目線の労働環境整備が進み、年齢や性別を問わず個々人がより能力を発揮しやすい組織や社会の改革が進む。このすべてに後れをとっているのが、ジェンダーギャップ指数・先進国中最下位の日本の現状です。**ジェンダーギャップ指数は単にジェンダー平等への評価だけではなく、国の経済、企業の成長力やレジリエンスの評価とも重なる**のだと、私自身、取材を通して確認することになりました。

この本は2021年からの2年間にわたり取材したことをまとめていますが、この間の変化のスピードは私自身が戸惑うほどでした。

第2章でも取り上げましたが、大手や外資系企業などではすでに働き方改革が進み、伊藤忠商事など労働生産性の向上に繋がっている例もあります。

「ダイバーシティ&インクルージョン＝D&I」を理念として掲げる企業も増えましたが、すでに海外では「D&I」ではなく、「DEI」が常識となっています。「DEI」

とは「Diversity, Equity and Inclusion」の略で、「多様性・公平・包括」の意。「イクオリティ（平等）」と似ている「エクイティ（公平）」という言葉、耳なじみがないかもしれませんが、「イクオリティ（平等）」は全ての人に同じ高さの踏み台を与えること。それに対して「エクイティ（公平）」は全ての人の頭・目線の高さを同じにすることです。つまり、頭の高さを揃える「エクイティ」は、すべての人が公平に扱われ、同じアクセスの機会が与えられるように、一部のグループの参加を妨げてきた障壁を特定して、排除するよう努めることを意味します。

「D&I」と掲げてはみても、蓋を開けると役員に女性が少数しかおらず、彼女たちの声や主張が通らない状況は「エクイティ」ではありません。**多様性のあるメンバーがそれぞれの意見を尊重しあい、そこから最適解を見出していくことが「エクイティ」**です。これは「2030年までに、年齢、性別、障害、人種、民族、出自、宗教、あるいは経済的地位やその他の状況に関わりなく、すべての人々のエンパワメント及び社会的、経済的及び政治的な包含を促進する」というSDGsの実現目標そのものにも当てはまるため、投資においてもメリットがあるとして海外の企業は「DEI」を推進しています。

大手でも外資系企業でもないし関係ない、と思われる中小企業の方もいらっしゃるかもしれません。しかし、厚生労働省はホームページの「「働き方改革」の実現に向けて」というページで、企業経営者に向けてこのように書いています。

【我が国は、「少子高齢化に伴う生産年齢人口の減少」「育児や介護との両立など、働く方のニーズの多様化」などの状況に直面しています。

こうした中、投資やイノベーションによる生産性向上とともに、就業機会の拡大や意欲・能力を存分に発揮できる環境を作ることが重要な課題になっています。

「働き方改革」は、この課題の解決のため、働く方の置かれた個々の事情に応じ、多様な働き方を選択できる社会を実現し、働く方一人ひとりがより良い将来の展望を持てるようにすることを目指しています】

今のままでいけば日本の少子化を止めることは難しく、将来的に労働力人口は減少するばかり。結果、どの企業にとっても人材の確保が困難になることは明白です。魅力的な人材を採用するためには、どれだけ従業員の意欲・能力を存分に発揮させることのできる環境を作れるか、個々の事情に応じて多様な働き方をサポートできるかが勝負となります。人口比の半分を占める女性労働者の需要も高まることから、出産・育児によって肩身が狭く感じたり仕事を外されたりしない職場、長時間労働のかわりに短時間でも生産性の高い労働環境を整えることも企業の生き残りのために必要になります。

第1章で紹介した丸紅の取り組みにおいては、「女性の新卒総合職採用を2024年までに4〜5割」と公表したことで、これまで丸紅への就職を考えていなかった他業種希望の学生や、他の商社を希望していた学生が男女問わず増えたといいます。データにおいても、今の若い世代は「ウェルビーイング」を重要視する傾向があることがわかりました。このことからも、大手、中小企業にかかわらず、採用を含めて会社経営をサステナブルなものにするため、また働き方改革、男女の賃金格差の是正、リスク管理に強くなるために意思決定層の多様化が求められることは第2章からも明らかです。中小企業の方もこのパラダイムシフトを捉えて改革を始めていただけたら嬉しいです。

「はじめに」でも少し触れた通り、「活躍という言葉が重い」「一生懸命働きたくない」「管理職になりたくない」という女性もいるでしょう。実際、「なんで女性登用にこだわるの？　責任とかしんどくない？」と女友達から言われ、一人で空回りしているのかと自問自答することもありますが、やはり男性で占められた意思決定層に女性を増やし、多様性を持たせることが多くの人の生きやすさに繋がることは確かです。誰もが活躍しなければならないということではない。

大切なのは性別を問わず、「属性」によって役割や生き方を決めつけられたり、狭め

られたりせず、個々の能力が最大限活かされる社会です。

「管理職になりたくない」という気持ちの背景には、ロールモデルの不在や、管理職は責任が重くてハードな役職というイメージもあるでしょう。今後、管理職への時短勤務やテレワークの導入など、中間管理職の待遇改善はどの企業にも求められます。

キャリアを目指す女性にとっても男女雇用機会均等法世代のように「男なみの器」に自分を当てはめる時代は終わりました。まだまだ男性中心組織は多く、少数派の女性としてしんどい思いをしている方は、ぜひこの本を周囲に読んでもらうなど利用していただけたら嬉しいです。次世代のロールモデルとなってゆくためにも、第5章で紹介をしたニッポン放送・檜原麻希社長の言葉のように「自分らしさ」を貫くことによって能力を発揮してください。

統一地方選挙を目前にして、日本維新の会の馬場伸幸代表が選挙における女性候補の擁立について、「選挙は非常に厳しい戦いだ。女性の優先枠を設けることは国政でも地方議会でも我が党としては全く考えていない。衆院選でも選挙区でたった一人が当選するという厳しい選挙の中では、私自身も1年365日24時間、寝ているときとお風呂に入っているとき以外、常に選挙を考えて政治活動をしている。それを受け入れて実行できる女性はかなり少ないと思う」と発言して物議を醸しました。

家事・育児全般や人づきあいなど、本来果たすべき責任を女性に押しつけて政治をやっているから、出産、子育て、教育、子どもの貧困などの重要な問題に当事者として向き合わず、生活者に身近な政策の優先順位が低くなる。24時間政治一色というマッチョな政治環境に入れる「鉄の女」ならウェルカムだという男性政治家の考えは時代遅れそのものですが、実はこうした考えが未だに意思決定層の男性や日本社会に根強いことも感じています。

その結果として、労働環境整備が手つかずのまま、「活躍しろ」「子どもを産め」と女性ばかりに負担がのしかかり、結果的に少子化に繋がっているのではないでしょうか。

日本もそろそろ「女性は出産・育児で継続的に働けないから男性中心組織にする」ことから、**「様々な環境にあって24時間マッチョに働けない男性も女性も能力を発揮して継続的に働ける環境に変える」ことこそがサステナブル**なのは明らかです。

２０２３年の統一地方選挙では、なんと告示の翌日に出産をしてトップ当選を果たした北区区議の佐藤ことさんや、「24時間がんばらない」を掲げて当選した武蔵野市市議の酒向《さこう》萌《も》実《み》さんなど、これまでの「選挙の常識」を塗り替えた女性議員が誕生しました。

地方政治からパラダイムシフトが始まっています。

また、6月には自民党改革実行本部（本部長・茂木敏充幹事長）が「今後10年で自民の女性国会議員比率を3割に引き上げること」を目標に掲げました。そのために衆院の比例ブロックでは女性候補を上位にするとのこと。あの自民党が事実上のクオータ制を採用するのかと驚きましたが、一方で同時期に自民党の女性県議から「表と裏は違ってて、相変わらず高齢の権力者が全て自分の都合のいいように県連を操作し、党本部も派閥の力学で動く。空白区で優先的に女性をたてる動きもない」という話を聞いたので、未だ半信半疑です。目標を公表したのは前進ですが、党内の風当たりはかなり強いでしょうし、実現度は未知数です。

国会でも男性議員が9割を占める衆議院に女性が増え、それを突破口にしてLGBTQ+、障害のある方、様々な属性の人が政治参画し、多様な価値観が政策に反映されていけば国全体にもポジティブ・インパクトがあることを、データとともに第3章、第4章で述べました。馬場代表のような考えが未だに国会の常識であるならば、「クオータ制」などの法制化をしない限り、200年たっても日本の政治も社会も変わらないでしょう。

2020年10月、真青な空が広がる秋晴れの日に、私は六本木のアークヒルズにあるお寿司屋さんで、ジャーナリストの田原総一朗さんとお食事をしていました。「朝まで生テレビ！」で9年間ご一緒したご縁で、報道番組の卒業を慰労しましょうとお声がけいただいたのです。「それで長野さん、これからどうするの？」と田原さんに聞かれた私は具体的に何も考えていなかったので、「取材をして伝えることは続けたいとは思っているのですが」と曖昧に答えました。すると田原さんが「ジャーナリストだね。ジャーナリストは信念がないとダメだよ」とぴしゃりと仰いました。「ブレない信念、これがないのはジャーナリストじゃない」。私は思わず「田原さんの信念は何ですか」と聞きました。すると田原さんは「二度と日本に戦争はさせない。言論の自由を守る。強い野党を作る。この3つ」だと。「長野さんは何がしたいの？」とおなじみの口調で立て続けに聞かれました。

そのとき、用意していたわけでもないのに、迷いもなく口から出たのが「私は女性の国会議員を増やしたいです」という言葉でした。20年間ニュースキャスターとして、またハフポスト日本版の編集主幹として毎年のように伝え続けてきたのが「ジェンダーギャップ指数・先進国中最下位」という日本のニュースです。なぜいつまでも順位が低いままなのだろう。政府は「女性活躍」といって旗を振っているけど、なぜ女性の労働環境整備はなかなか改善されないのだろう。日本が抱える少子化問題に効果的な対策がうたれてこなかったのも、衆議院で当事者である女性の国会議員が1割に満たないことが背景にあるのでは、という思いをずっと抱いていたからだと思います。

するとと私の答えを聞いた田原さんが「いいじゃない、それは大事なことだ。やりなさい。国会で勉強会をやればいいよ」と仰ってくださいました。勉強会といっても、なにひとつやり方も知らない私に、田原さんは国会でジェンダー問題に熱心に取り組んでいる3人の女性議員を紹介してくださいました。自民党の野田聖子議員、立憲民主党の辻元清美議員、国民民主党の矢田わか子議員（当時）です。このテーマで勉強会をするならば超党派であるべきだと考え、3人の議員の方から他党の議員も紹介していただき2021年5月にスタートしたのが「クオータ制を実現するための勉強会」でした。ほぼ毎月、議員による話し合いを聞いているうちに、私の問題意識の羽はどんどん広がり、取材は2年間にわたることになりました。あの日、田原さんのアドバイスがなければこの本はなかったと心から感謝をしています。

この本の冒頭にも書きましたが、男性の前で「女性登用」という言葉を口にしただけで、目の前にガラガラとシャッターを下ろされる感覚を何度となく経験してきました。

このテーマについてどうにも埋まらない男性との距離。しかし、このテーマは女性だけの問題ではなく、多様な環境にいて生きづらさを感じている男性にとっても、日本の経済にとってもプラスになることではないか。女性を意思決定層に増やすことでどのようなメリットがあるのかを具体的にデータで示すことで、男性も一緒に向き合ってもらえないだろうか。こうした私の思いに、「私たちもまったく同じ考えでデータ収集・調査を進めていました」と賛同してくださったのが、村上財団とＰｗＣコンサルティングでした。

両者によるデータ提供によってこの本に説得力が加わり、このテーマに懐疑的な方にも理解していただける内容になったと感謝しています。ＰｗＣコンサルティングの下條美智子さんと坪井千香子さんが、「新しく調べるべきものはなくて、すべてデータは過去に揃っているんです。それでも向き合ってこなかったことこそが日本の構造的問題だと思います」とため息をつかれたのはとても印象的でした。

村上財団の村上玲さんは、お父上である村上世彰氏が元来保守的な性格で、夫は働き、妻は専業主婦、息子は良い大学を出て仕事、娘は自由でという考え方だったのが、シンガポール生活やキャリア志向に育った姉妹の影響から、今では「もの言う株主」として投資先の条件に「女性役員30％」を掲げている、と笑って教えてくれました。

お忙しい中インタビュー取材を快諾してくださった皆さま、ありがとうございました。

そして、2年にわたる取材の過程でお世話になったすべての関係者の方々に心からお礼を申し上げます。河出書房新社の尾形龍太郎さん、辻純平さんに初めて会った時に、「僕たちもこのテーマは得意じゃないです。でも、この本は世に出すべき本だと思います」と、言われたときの喜びは今でも思い出します。装幀をご担当くださったtobufuneさんにもこの場をおかりして感謝の気持ちをお伝えしたいと思います。

政治・経済分野の意思決定層に多様性が反映されることによって、手つかずのままの社会課題や新しいビジネス分野へのリーチが増し、企業も国ももっと強くなることができることはデータが示しています。この本が日本の抱える閉塞感を打破するきっかけの一端となればこれほど嬉しいことはありません。

そして、いつの日かこの本を手にとってくれた人たちが、「こんな時代があったんだ。トップに様々な属性の人がいるのが当たり前の今では考えられないね」と驚いてくれるような未来が訪れることを祈っています。

2023年夏

長野智子

【出典一覧】

（出典1）Morgan Stanley "Why Gender Lens Investing May Lead to Better Returns," https://www.morganstanley.com/articles/gender-diversity

（出典2）ハザードに対するリスク認知と防止対策への期待における性差：岡部康成・松村憲一・神里達博／Gender Differences in Perceived Risk and Expectable Prevention Against Hazards

（出典3）Future Returns: Gender Diversity Offers Investment Strategy for Impact and Gains, https://www.barrons.com/articles/future-returns-gender-diversity-offers-investment-strategy-for-impact-and-gains-01668536009

（出典4）National Women's Law Center, "Women's Political Representation and Legislative Achievements: How Women Are Changing State Legislatures"（2020）

本書掲載記事の初出について

第1章

・日経xwoman ARIA連載『聞いて、見て、考えた。 長野智子』「丸紅が新卒総合職で女性5割目指す訳　柿木社長の危機感」2021年11月4日

第4章

・文春オンライン「『おじさんが飲んだお猪口を受け取ると、ふちにオカズが…』『キスしたら投票すると言われた』 女性候補者を襲う"票ハラスメント"のリアル」2021年8月13日

第5章

・ハフポスト「85年、私はアナウンサーになった。セクハラ発言『乗り越えてきた』世代が感じる責任」2018年4月21日
・日経xwoman ARIA連載『聞いて、見て、考えた。 長野智子』「テレビ業界の抱える問題…民放労連初の女性委員長が語る」2022年12月23日

いずれも本書掲載にあたり、大幅に加筆修正しています。
上記以外は、新規取材などをもとにした書き下ろしです。

編集協力＝一般財団法人村上財団、PwCコンサルティング合同会社、株式会社古舘プロジェクト

長野智子 ながの・ともこ

1985年株式会社フジテレビジョンアナウンス部に入社。1995年の秋より、夫のアメリカ赴任に伴い渡米。ニューヨーク大学・大学院において「メディア環境学」を専攻し、人間あるいは歴史に対して及ぼすメディアの影響について研究した。1999年5月修士課程を修了。2000年4月より「ザ・スクープ」(テレビ朝日系)のキャスターとなる。「朝まで生テレビ!」「報道ステーションSUNDAY」「サンデーステーション」のキャスターなどを経て、現在は自らも国内外の現場へ取材に出る傍ら、国連UNHCR協会報道ディレクターも務める。

データが導《みちび》く「失《うしな》われた時代《じだい》」からの脱出《だつしゅつ》

2023年10月20日　初版印刷
2023年10月30日　初版発行

著者　長野智子
装丁　小口翔平＋畑中茜＋後藤司(tobufune)
図表作成　神保由香
発行者　小野寺優
発行所　株式会社河出書房新社
〒151-0051　東京都渋谷区千駄ヶ谷2-32-2
電話 03-3404-1201(営業)／03-3404-8611(編集)
https://www.kawade.co.jp/
組版　KAWADE DTP WORKS
印刷・製本　株式会社暁印刷

Printed in Japan
ISBN978-4-309-23144-0